# SOMMAIRE

D1322782

## LISTE DES PLANTES TRAITEES EN DÉTAIL

Phleum pratense
Arrhenatherum elatius
Poa pratensis
Dactylis glomerata
Cynosurus cristatus
Briza media
Narcissus pseudo-narcissus
Orchis maculata
Orchis morio
Rumex acetosella
Ranunculus bulbosus
Ranunculus acer
Arabidopsis thaliana
Sanguisorba minor
Medicago sativa
Medicago lupulina
Trifolium pratense
Onobrychis viciifolia
Vicia sepium
Lathyrus pratensis
Lotus corniculatus
Polygala vulgaris
Daucus carotta
Heracleum spondylium
Primula officinalis

Euphrasia sp.
Rhinanthus alectorolophus
Galium verum
Galium cruciatum
Knautia arvensis
Campanula glomerata
Bellis perennis
Taraxacum officinale
Chrysanthemum leucanthemum
Senécio jacobaea
Centaurea vulgaris
Hordeum murinum
Urtica dioica
Saponaria officinalis
Chelidonium majus
Alliaria officinalis
Erodium cicutarium
Datura stramonium
Linaria vulgaris
Lamium album
Lamium maculatum
Plantago lanceolata
Matricaria chamomilla
Achillea millefolium
Chenopodium Bonus-Henricus

**Knautia arvensis** (voir p. 38).

**Senecio jacobaea** (voir p. 44).

# Hervé CHAUMETON
*Maître ès sciences biologiques*

# PLANTES
# ET
# FLEURS
# DES PRÉS

*Avec la collaboration de*
*Bernard ROUSSEL*

SOLAR

# I - INTRODUCTION

On appelle prairies toutes les formations végétales basses et continues où les graminées (telles que les AVOINES, les DACTYLES) et les plantes herbacées dominent et dont les arbres et les arbustes sont absents.

Ce type de formation est extrêmement répandu dans le monde entier, mais il convient cependant de distinguer dès l'abord :

**Les steppes et savanes** (DURIPRATA) composées de végétaux à feuilles dures et résistantes. Les formations de ce type n'existent pas en France : ce sont les prairies de l'Amérique du Nord, la Pampa, les steppes de l'Europe centrale, etc. Elles ne font pas l'objet de ce guide.

**Les prairies toujours vertes** (MOLLIPRATA) constituées de végétaux à feuilles molles et dressées : établies essentiellement en régions tempérées, les formations de ce type ont été nommées SEMPERVIRENTI HERBOSA par allusion au fait qu'elles sont toujours vertes été comme hiver (on dit Sempervirente). Ces prairies ne connaissent guère de repos hivernal (les graminées, par exemple, forment des pousses pendant l'hiver) : ce sont elles qui font l'objet du présent guide.

## I - LOCALISATION ET ORIGINE DE LA PRAIRIE

### a) Localisation :

En France, on rencontre les prairies à plusieurs altitudes.

On en trouve en abondance **à basse altitude**, dans les plaines, le long des fleuves, au pied des montagnes : elles constituent notre paysage végétal le plus quotidien.

Mais il existe aussi des prairies à des altitudes plus importantes. Entre 1 000 et 2 000 m on rencontre, en Europe, les **prairies à avoine dorée** (TRISETUM FLAVESCENS) qui sont relayées plus haut par les prairies à pâturins des Alpes (POA ALPINA): dans les montagnes à sol acide (telles que le Massif central) se développe la prairie à nard raide (NARDUS STRICTA).

Notons enfin que, au-dessus de la limite des forêts, on trouve dans les montagnes élevées des formations désignées sous le nom de « pelouses alpines ». Mais, en fait, ces pelouses sont très riches en arbustes nains (tels que des saules, des myrtilles): ce sont donc des forêts miniatures.

Ce guide s'intéresse uniquement aux prairies de plaines : leur localisation actuelle est le résultat d'une longue évolution dans laquelle l'homme joue un rôle très important, à tel point qu'il est de nos jours difficile de dire si une prairie est « naturelle » ou due à l'action de l'homme.

### b) **Origine de la prairie :**

D'épaisses forêts de charmes, de chênes ou de hêtres recouvraient autrefois les plaines et les collines de l'Europe entière.

Seules les régions montagneuses, les rives des fleuves et des lacs, les terrains sablonneux et salés des bords de la mer et de nombreux marais et tourbières portaient des prairies. Dans de tels lieux, les arbres ne peuvent s'installer pour des raisons climatiques. Dans les pas la croissance des arbres. Le long des fleuves, des lacs, dans les montagnes, l'enneigement important et les vents violents ne permettent marais, l'humidité excessive du sol crée des conditions d'asphyxie ne permettant que le développement des plantes adaptées. Les prairies de ces lieux ont donc une origine naturelle.

Au Moyen Age, il y eut un déboisement intensif dans toute l'Europe. Des clairières se constituent peu à peu par suite d'incendies, de défrichement, de coupes ou de pâtures, créant ainsi les prairies que nous connaissons.

## II - **LES PLANTES DE LA PRAIRIE**

### a) **Origine de ces plantes :**

Les plantes de la prairie sont pour la plupart issues des quelques régions depuis toujours libres de forêts dont nous avons parlé plus haut.

Mais dans la prairie on trouve beaucoup de plantes qui sont des résidus des associations forestières existant auparavant (la renoncule âcre, le gaillet croisette sont des plantes de ce type).

Enfin, il est impossible de dissocier des plantes prairiales toutes les plantes dont l'homme a favorisé l'installation.

Parmi celles-ci, il y a d'abord les plantes que l'homme favorise, car elles présentent un quelconque intérêt économique (plantes fourragères notamment). Ainsi des techniques de sélections ont permis de créer des variétés résistantes et prolifiques de trèfles, de luzernes, de graminées que les agriculteurs sèment et qui peu à peu envahissent toutes les prairies.

Il ne faut pas oublier non plus toutes les plantes que l'homme favorise involontairement, soit directement par les pratiques culturales (notamment en ajoutant des engrais), soit indirectement par les animaux qu'il élève sur les prairies. Ces plantes « inutiles » (« mauvaises herbes »), particulièrement répandues autour des fermes, le long des chemins, près des vieux murs, dans les décombres, forment des **associations rudérales** (de **rudera** : décombres). Elles se développent sur les sols riches en azote et en matières organiques (apport par les engrais et dû aux volailles et au bétail). Ce sont le plus souvent des vagabonds cosmopolites que l'homme a involontairement importés.

Les associations de plantes rudérales ont la particularité d'être fugaces, car les premières plantes qui s'installent épuisent rapidement le sol.

**Orchis maculata** (voir p. 15).  **Urtica dioica** (voir p. 48).

Toutes les plantes se développant dans les prairies trouvent là des conditions climatiques, des conditions de nutrition, etc., correspondant à leurs besoins.

b) **Les conditions régnant dans les prairies :**

Le sol de la prairie est généralement d'une grande richesse du fait des apports d'engrais et de la fumure naturelle due aux excréments du bétail.

Le bétail a une autre action au niveau du sol. En piétinant, les animaux enfoncent une quantité importante de feuilles dans le sol. Si l'on sait de plus que la plupart des plantes de la prairie ont des racines concentrées près de la surface du sol, on comprend aisément que cette zone du sol soit très riche en aliments organiques et minéraux permettant la vie de très nombreux vers de terre : ainsi, en moyenne, par hectare de prairie portant deux vaches de 500 kg chacune, on trouve jusqu'à **4 millions** de vers de terre (pesant frais plus de 2 tonnes). Les vers de terre jouent un rôle très bénéfique : ils augmentent l'aération du sol et sa fertilité, car leurs excréments, comparés au sol, contiennent par exemple cinq fois plus de nitrates et deux fois plus de calcium. Or, 4 millions de vers de terre produisent en un an **208 tonnes** d'excréments !

Dans une prairie, l'exposition au soleil est idéale. Aucun arbre ne vient en arrêter les rayons. Les plantes trouvent donc dans la prairie des conditions de nutrition et d'éclairement très favorables.

En ce qui concerne la nutrition, il faut parler aussi d'un cas de coopération remarquable entre les papilionacées (trèfles, luzerne, etc.)

et les autres plantes (surtout les graminées). En effet, les papilionacées ont la propriété de fixer l'azote de l'air (*cf.* gesse des prés) sous forme de nitrates. Une partie de ces nitrates sont récupérés par les graminées qui poussent donc avec plus de vitalité.

Dans les prairies, une pratique culturale joue un rôle très important : c'est la coupe. Les plantes qui peuvent résister aux coupes périodiques sont surtout des plantes vivaces ou formant des touffes robustes, possédant des racines, des bulbes ou des tubercules bien protégés à l'intérieur du sol.

Les plantes annuelles qui se reproduisent par graines ne se maintiendront dans la prairie que si leurs graines ont le temps de se former et de mûrir entre deux coupes. Les plantes se multipliant sans graines (par des boutures, par exemple) seront grandement favorisées.

## III - LES DIFFÉRENTES SORTES DE PRAIRIES ET LEUR ÉVOLUTION

La composition floristique des prairies est variable selon la nature du sol, l'humidité, mais aussi change sous l'action des pratiques culturales.

### a) Prairies et pratiques culturales :

La plus importante de ces pratiques est la coupe. Selon les types de coupe on distingue :

**Les prairies de fauche** où la coupe a lieu deux fois par an : une première fois à la floraison des graminées (en général en juin) et une deuxième fois lorsque l'herbe a repoussé jusqu'à 25 cm environ.

**Narcissus pseudo-narcissus** (voir p. 14).

**Les pâtures** où les coupes sont effectuées par les dents des animaux qui y broutent : généralement, l'herbe est coupée à 2 cm - 3 cm du sol et les coupes sont fréquentes et irrégulières.

Les plantes des prairies de fauche et des pâtures ne sont pas les mêmes : d'une manière générale, les plantes hautes, pauvres en feuilles, situées près du sol (tels les avoines, les fléoles, etc.) peupleront les prairies de fauche et ne résisteront pas dans les pâtures qui, elles, seront riches en plantes basses, telles que les pâquerettes, les pâturins.

Lorsqu'on laisse des animaux trop longtemps dans une prairie (sur-pâturage), la composition floristique varie. Les plantes poussant au ras du sol se développent, ainsi que les plantes non mangées par les animaux telles que les chardons, les orties (plantes piquantes) ou les colchiques (plantes vénéneuses).

Il faut souligner cependant que la pâture a des effets bénéfiques : elle entretient la prairie, empêchant l'installation de broussailles, d'arbres reconstituant les forêts. De plus, en une journée de pâturage, une vache de 500 kg dépose 12 à 30 bousats pesant ensemble près de 25 kg. Ces excréments assurent l'amélioration de la prairie mais font aussi évoluer sa composition : ils provoquent une augmentation du nombre des graminées par rapport aux trèfles et favorisent les bonnes graminées par rapport aux mauvaises.

### b) **Prairies et propriétés du sol :**

**La composition** du sol a une grande influence sur la composition floristique d'une prairie.

Ainsi les prairies du bord de mer, sur un sol salé riche en chlorure de sodium, sont très différentes des prairies de l'intérieur à sol non salé.

De même, un sol riche en azote favorise des bonnes plantes fourragères telles que le dactyle ou la fléole.

Un sol contenant beaucoup d'ammoniaque favorisera surtout les pâquerettes et les renoncules.

Sur les sols des régions granitiques (sols acides et pauvres) dominent des plantes frugales et résistantes, tels les chardons, le nard.

D'une manière plus générale, le spécialiste pourra, en regardant les plantes d'une prairie, connaître la composition du sol tant celles-ci sont le reflet fidèle de cette composition.

Un autre facteur important est **l'humidité du sol**. Si le sol est déficitaire en eau, les prairies qui s'installent dessus sont riches en plantes épineuses adaptées à la sécheresse : **on parle de prairies sèches.** A l'opposé, lorsque l'humidité est importante, on trouve des **prairies humides** riches en joncs, etc., et contenant des plantes adaptées aux milieux humides : si l'humidité devient très forte, on trouve des marécages ou des tourbières.

Dans ce présent guide, la plupart des espèces citées se trouvent dans les prairies ni trop humides ni trop sèches. Ce choix délibéré permet ainsi de répertorier un ensemble de plantes communes formant la base de toutes les prairies.

## ABRÉVIATIONS UTILISÉES

| | |
|---|---|
| **F** ........................... | famille |
| **V, A, Bis.** ................... | vivace, annuel, bisannuel |
| **Fl. : avril-mai** ............... | floraison : d'avril à mai |
| **Alt. : 0 à 2 000 m** ........... | se rencontre entre 0 et 2 000 m d'altitude |
| **CC, C, AC, AR, R, RR** ....... | très commun, commun, assez commun, assez rare, rare, très rare |
| **T** ........................... | taille |
| **Ssp.** ........................ | sous-espèce |

### PHLEUM PRATENSE L.
(FLÉOLE DES PRÉS)

*(Photo p. 43)*

| | | |
|---|---|---|
| **F :** Graminacées | **Alt.:** 0 à 1 800 m | **T :** 20 à 80 cm |
| **Fl.:** juin - juillet | **V** | **C** |

**Détermination :**

— Plante à souche épaisse et gazonnante difficile à arracher. De la souche partent de nombreux rejets stériles (aspect de touffes denses).

— Les feuilles, larges de 0,5 à 1 cm, vert clair, rudes au toucher, ont des ligules membraneuses bien développées.

— Les épis simples, cylindriques, denses, longs de 3 à 15 cm, sont portés au sommet des tiges dressées loin des feuilles. Ils sont formés d'épillets sessiles (directement attachés à l'axe). Chaque épillet est muni à la base de deux glumes blanchâtres (sorte d'enveloppes membraneuses bien visibles avec une loupe) non soudées entre elles.

— Le fruit est le caryose des graminées.

**Attention :** Il est difficile de distinguer Phleum Pratense de Alopecurus Pratensis L. (vulpin). Cependant :

— L'épi de la fléole est rude au toucher. Les glumes des épillets ne sont pas soudées ni pourvues d'arêtes ou cils.

— L'épi du vulpin est plus soyeux et brillant. Les glumes des épillets sont, en effet, munies d'arêtes souples et de cils ; de plus, elles sont soudées à la base ; notez enfin que le vulpin croît surtout dans les prairies humides et fraîches.

**Biologie et écologie :**

*C'est une graminée prairiale que l'on rencontre très souvent de la plaine à la montagne. Elle fournit un fourrage un peu dur mais nourrissant et fort apprécié des chevaux.*

## ARRHENATHERUM ELATIUS Mert et K
## (AVOINE ÉLEVÉE, FENASSE)

*(Photo p. 31)*

| | | |
|---|---|---|
| **F :** Graminacées | **Alt.:** 0 à 1 500 m | **T :** 0,60 à 2 m |
| **Fl.:** mai - juin - juillet | **V** | **C** |

**Détermination :**

— Grande graminée à souche rampante. Le collet de la racine (zone supérieure au ras du sol) est parfois renflé en tubercules formant un chapelet (sous-espèce precatorium).

— Les feuilles vertes, larges, glabres, planes, ont des ligules membraneuses.

— L'inflorescence est une panicule lâche. Les épillets sont glabres, longs de 7 à 10 mm. Ils sont comprimés sur le côté et pourvus de longues arêtes genouillées (c'est-à-dire formant un angle) et insérées sur le dos des glumes (enveloppes vertes protégeant les fleurs). Chaque épillet contient deux fleurs, l'une mâle, l'autre hermaphrodite (mâle et femelle); c'est la fleur mâle qui porte la plus longue des arêtes (Arrhenatherum provient du grec arrhen = mâle, et ather = arête).

**Remarque :** La fenasse fait partie du groupe des avénées. Elle est très proche des avoines (G. Avena). On peut facilement la confondre avec l'avoine velue (Avena pubescens Huds.). Mais la base de la tige ainsi que la région des nœuds portent chez cette dernière un revêtement de poils blancs et courts très visibles. Il est difficile de

**Saponaria officinalis** (voir p. 50).

**Chrysanthemum leucanthemum** (voir p. 43).

reconnaître facilement certaines espèces d'avoine : les spécialistes font appel à l'observation microscopique de coupes transversales de feuilles.

**Biologie et écologie :**

On rencontre la fenasse dans les prairies mésophiles naturelles, mais surtout dans les prairies artificielles où elle est plantée en abondance, car elle constitue un fourrage fort apprécié par les animaux, notamment les chevaux. A ce propos, il faut rappeler que beaucoup de graminées, notamment la fenasse et les avoines, sont capables de fixer dans les cellules de leur tige de la silice, leur conférant ainsi une plus grande rigidité. C'est cette silice qui est en partie responsable de l'usure des dents des herbivores (les chevaux sauvages en particulier, qui se nourrissent beaucoup de graminées très riches en silice, usent complètement leurs dents et de ce fait meurent de faim).

## POA PRATENSIS L. (PATURIN DES PRÉS) *(Photo p. 63)*

| | | |
|---|---|---|
| **F : Graminacées** | **Alt.: 0 à 2 300 m** | **T : 0,5 à 0,6 m** |
| **Fl.: mai - juin - juillet - août** | **V** | **CCC** |

**Détermination :**

— Plante d'un vert franc à souches produisant de longs rejets souterrains.

— Les feuilles engainant la tige ont un limbe large de 0,5 à 1 cm qui se termine par une pointe en capuchon. Les feuilles du haut de la tige ont un limbe plus court que la gaine : les feuilles sont munies de ligules membraneuses courtes et tronquées.

— Les épillets, petits et aplatis, sans arêtes, sont disposés au bout de rameaux au toucher rude. Leur ensemble forme une panicule pyramidale souple à rameaux symétriques. Les rameaux de la base de la panicule sont le plus souvent réunis par quatre ou cinq.

**Remarque :** Il existe de nombreuses espèces de pâturins. Le plus courant dans les prairies mésophiles est le pâturin des prés, mais on peut aussi rencontrer dans les lieux plus humides Poa Trivialis L. Les différences entre les deux espèces sont subtiles : par exemple, chez Poa Trivialis L., les ligules des feuilles sont longues et pointues, alors qu'elles sont courtes et tronquées chez Poa Pratensis.

**Biologie et écologie :**

*Le pâturin doit son nom (du grec poa = gazon, fourrage) au fait qu'il constitue un excellent fourrage. En effet, il résiste fort bien au froid et se met à croître très vite dès le début du printemps, permettant une fauche précoce. Si l'on ajoute que ses graines sont très résistantes et capables de garder leur pouvoir de germination pendant longtemps, on comprendra que cette espèce soit semée en abondance.*

---

# DACTYLIS GLOMERATA L.
## (DACTYLE PELOTONNÉ)

*(Photo p. 63)*

| | | |
|---|---|---|
| **F** : Graminacées | **Alt.:** 0 à 2 000 m | **T :** 0,40 à 1,50 m |
| **Fl.:** avril - mai - juin - juillet - août - sept. | **V** | **CCC** |

**Détermination :**

— Plante d'un vert glauque. La tige dressée porte des feuilles pouvant atteindre 1 cm de large.

— L'inflorescence ou panicule est formée d'épis irréguliers portés au bout de rameaux au toucher rugueux car finement denticulés. Ces rameaux, en nombre variable (quatre à cinq le plus souvent), s'écartent de l'axe et évoquent grossièrement des doigts (d'où le nom dactyle : doigt). Les épis sont formés d'épillets de cinq à sept fleurs vertes lavées de violet. Le fruit est un caryopse (caractéristique des graminées).

**Biologie et écologie :**

*Cette graminée extrêmement rustique croît en abondance dans toutes les prairies, le long des chemins, dans les fossés, etc.*

*Elle constitue la plus précieuse de nos plantes fourragères. En effet, elle résiste fort bien à la dent des animaux qui peuvent la brouter sans porter atteinte à sa vigueur. De plus, sa croissance très rapide permet de réaliser plusieurs fauches par an. Les prairies riches en dactyles ont donc un rendement élevé. Toutes ces raisons font que le dactyle est planté dans toutes les régions de la zone tempérée.*

*Au printemps, lors de la floraison, le dactyle produit des quantités considérables de pollen qui, emporté par le vent, provoque sur les muqueuses des sujets sensibles des irritations désagréables et parfois dangereuses : c'est le rhume des foins.*

# CYNOSURUS CRISTATUS L.   *(dessin p. 3 de couverture)*
## (CRETELLE)

**F : Papilionacées**      **Alt.: 0 à 1 500 m**      **T : 30 à 80 cm**
**Fl.: juin - juillet**      **V**                      **CC**

**Détermination :**

— Herbe verte fortement touffue, gazonnante.

— Tiges minces, rigides et dressées portant des feuilles légèrement cannelées terminées souvent par une pointe.

— Les épis terminant les tiges sont étroits (3-5 mm), dépourvus d'arêtes. Ils ont une forme dissymétrique caractéristique (tous les épillets sont attachés d'un même côté de l'axe). Il y a deux sortes d'épillets:
  • des épillets fertiles, petits, verts, contenant trois à sept fleurs ;
  • des épillets stériles doublant les précédents et disposés en dents de peigne.

— Le fruit est un caryopse.

**Remarque :** Le nom latin de la plante (Cynosurus) provient des mots grecs cynos = chien et oura = queue, par allusion à la forme de l'épi.

**Biologie et écologie :**

*La cretelle est une gracieuse graminée poussant en abondance dans les prés, les pâtures, les lieux herbeux et les clairières. Elle fournit un excellent foin et un fourrage de qualité.*

*Comme beaucoup de graminées, la crételle présente un curieux phénomène de croissance. La jeune tige issue de la graine germée est formée à la base d'entre-nœuds courts séparant des nœuds (où s'insèrent les feuilles) nombreux. Si les nœuds sont mis en contact avec le sol, ils commencent à proliférer et forment des racines qui s'enfoncent dans la terre et des tiges nouvelles. Ainsi, à partir d'une seule graine, on peut obtenir une touffe d'une dizaine de tiges dressées, donc plus tard d'épis. Cette propriété est appelée le tallage. Elle est fort utilisée par les agriculteurs qui pratiquent le « roulage » (ils passent un rouleau sur les jeunes plantes afin de coucher les tiges pour faciliter le tallage), améliorant ainsi le rendement de leurs prairies ou de leurs champs de céréales.*

*L'existence du tallage est liée à la présence de tissus particuliers au niveau des nœuds : ces tissus jeunes (ou méristèmes) sont capables de se diviser et de se différencier activement.*

---

# BRIZA MEDIA L.   *(dessin p. 3 de couverture)*
## (AMOURETTE, LANGUE DE FEMME)

**F : Graminacées**      **Alt.: 0 à 2 000 m**      **T : 30 à 60 cm**
**Fl.: mai - juin - juillet**      **V**              **CC**

**Détermination :**

— Plante herbacée en touffe lâche portée par une souche rampante d'où partent des stolons.

— Les tiges dressées portent des feuilles planes à toucher rugueux, à ligules courtes et tronquées.

— L'inflorescence est une panicule lâche à port caractéristique retombant. Les rameaux flexibles de la panicule portent à leurs extrémités des épillets gros, ovales, arrondis et généralement violacés. Le moindre choc, le moindre souffle de vent fait trembler les épillets, d'où le nom latin de la plante (Briza, vraisemblablement du grec brithô : je balance, sensible au vent).

**Biologie et écologie :**

*Cette excellente plante fourragère (au rendement cependant faible) se rencontre dans les prairies, les herbages de la plaine à la montagne. Elle est aussi fréquente dans les bois.*

**Primula officinalis** (voir p. 33).

# NARCISSUS PSEUDO-NARCISSUS L.      *(photo p. 7)*
## (JONQUILLE)

| | | |
|---|---|---|
| **F : Amaryllidacées** | **Alt.: 0 à 2 150 m** | **T : 20 à 40 cm** |
| **Fl.: mars - avril** | **V** | **AC ou C** |

**Détermination :**

— Plante à bulbe souterrain d'où partent des feuilles linéaires, longues et molles terminées en pointes.

— Du bulbe part aussi une hampe florale dressée et robuste, creuse et cannelée. Au sommet de la hampe se trouve une fleur solitaire entièrement jaune, presque inodore, de 4 à 6 cm de long (parfois plus pour les variétés cultivées).

Au centre de six pétales étalés, on trouve un tube évasé en entonnoir au bord crénelé et contenant les étamines (qui prennent naissance à la base du tube) et les stigmates.

Le fruit est une capsule à trois loges contenant de nombreuses graines.

**Remarque :** La jonquille est un faux narcisse par opposition à Narcissus poeticus (vrai narcisse des poètes) à fleur blanche, jaune et rouge, à odeur forte, qui vit dans les prés humides.

L'origine du mot narcisse est à rechercher dans le grec Narkao : assoupir, qui a donné aussi narcotique, l'odeur de ces fleurs causant un assoupissement douloureux.

### Biologie et écologie :

*La populaire jonquille, au printemps, tapisse de ses fleurs d'or les prairies et les sous-bois clairs de la plaine à la montagne.*

*Fort appréciée par les amateurs de belles fleurs, elle est cultivée en abondance. De nombreuses variétés, aux couleurs passant de l'orange soutenu au jaune très pâle, à fleurs énormes, ont été sélectionnées par les horticulteurs. Cette plante est pollinisée par les insectes.*

*Elle se reproduit par graines, mais surtout par multiplication végétative, grâce à ses bulbilles (petits bulbes), fils qui apparaissent à l'aisselle du bulbe originel.*

---

# ORCHIS MACULATA L. (ORCHIDÉE TACHÉE) *(photo p. 6)*

**F :  Orchidacées**          **Alt.: 0 à 2 000 m**       **T : 20 à 50 cm**
**Fl.: mai - juin - juillet**     **V**                          **C**

### Détermination :

— Deux bulbes solides souterrains profondément divisés (l'un est brun et ridé, l'autre est lisse et plus clair).

---

**Daucus carotta** (voir p. 32).

— Les feuilles sont larges et vernissées, tachées de noir en travers.

— Les fleurs sont rosées ou lilacées à odeur agréable, disposées en épis denses et allongées au sommet d'une hampe florale pleine.

— Le labelle des fleurs est trilobé, le lobe central étant plus étroit que les deux autres : les pétales latéraux sont étalés en forme d'ailes. L'éperon est cylindrique et court (il n'atteint jamais la longueur de l'ovaire).

**Biologie et écologie :**

*Cette splendide orchidée fréquente les prés siliceux (où elle remplace souvent l'Orchidée Morio qui préfère le calcaire), mais aussi les bois et les landes. Le bulbe solide, ridé et brun à la base de la tige, a pris naissance l'année précédente. Les réserves qu'il contient sont en voie d'épuisement et ont permis à la plante de survivre pendant la mauvaise saison et d'édifier sa hampe florale au printemps. Le bulbe plus clair et lisse, généralement plus petit (surtout au printemps), est celui de l'année en cours. Il est en train de se charger de réserves riches en amidon qui sont fabriquées par les feuilles. C'est ce bulbe qui permettra à la plante de subsister jusqu'à l'an prochain.*

*Les graines des orchidées sont produites par milliers. Elles sont presque microscopiques et peuvent être transportées par le vent. Elles contiennent des embryons très peu développés (pro-embryons). Pour qu'il se développe, il faut que la graine soit infestée par le mycelium d'un champignon. Cette curieuse exigence, commune à toutes les orchidées, explique pourquoi les graines des espèces tropicales ramenées par les explorateurs ne germaient jamais, même si on les mettait dans des serres aux conditions idéales : le champignon nécessaire au développement de l'embryon n'avait pas été ramené.*

---

# ORCHIS MORIO L. (ORCHIDÉE BOUFFON) *(photo p. 38)*

| | | |
|---|---|---|
| **F :** Orchidacées | **Alt.:** 0 à 1 800 m | **T :** 10 à 40 cm |
| **Fl.:** avril - mai - juin | **V** | **CCC** |

**Détermination :**

— Deux bulbes solides (corme) globuleux enfoncés dans le sol (difficiles à arracher).

— Feuilles épaisses nombreuses, vertes à nervures parallèles.

— Fleurs disposées en un épi lâche de 4 à 8 cm, terminant une hampe florale verte tachée de violet.

— Les fleurs possèdent un labelle trilobé pourpre semé de taches sombres. Les autres pétales forment un casque globuleux (Morio, de l'italien morione = casque, coiffure de bouffon). Les étamines et stigmates sont groupés en un organe unique (le gynostème) situé sous le casque. Le pollen est contenu dans deux boules munies d'un pied : les pollinies. L'ovaire situé sous la fleur prolonge le pédoncule floral ; il constitue un fruit du type capsule.

**Biologie et écologie :**

L'orchidée bouffon est très commune dans les prairies maigres, sèches ou mésophiles. Elle préfère le calcaire.

Les orchidées possèdent un dispositif ingénieux leur permettant de se faire féconder par les insectes : l'éperon des fleurs produit du nectar. L'odeur des fleurs, leur couleur vive attirent les insectes qui se posent sur le labelle, avancent la tête pour se gorger de nectar et ainsi cognent sur le gynostème.

Les pollinies, contenant le pollen, sont adhésives et se collent sur le front des insectes comme deux petites cornes. Lorsqu'ils vont butiner une autre fleur, ils écraseront contre les stigmates de cette nouvelle fécondation. La fécondation croisée, assurée par les insectes explique le nombre très grand d'hybrides existant entre des espèces voisines, voire même des genres d'orchidacées voisins.

---

## RUMEX ACETOSELLA L. (PETITE OSEILLE) *(photo p. 51)*

| | | |
|---|---|---|
| **F :** Polygonacées | **Alt.:** 0 à 2 400 m | **T :** 10 à 30 cm |
| **Fl.:** mai - juin - juillet | **V** | **CC** |

**Détermination :**

Les plantes de cette famille très homogène sont faciles à reconnaître grâce aux longues gaines ou ocréas qui entourent la tige au-dessus de chaque nœud. Cette gaine correspond, en fait, aux stipules soudées entre elles.

— La petite oseille est une plante très grêle à longues racines rampantes.

— Ses feuilles ont typiquement une forme de fer de lance aux lobes s'écartant à angle droit. Celles de la base sont longuement pétiolées. Les feuilles sont souvent lavées de rouge.

— Les inflorescences sont des grappes terminales longues et rougeâtres.

— Les fleurs mâles et les fleurs femelles sont sur des pieds séparés. Les pieds mâles portent des fleurs à étamines courtes formant un pinceau. Les pieds femelles ont des fleurs aux stigmates globuleux.

— Les fruits sont petits et ailés.

**Biologie et écologie :**

La petite oseille se rencontre dans beaucoup de milieux, mais toujours sur des sols acides, sablonneux. Elle constitue souvent des peuplements très denses dans les pelouses maigres des pays granitiques (de loin ces prés paraissent rouges). La teneur élevée en acide oxalique (responsable du goût d'oseille prononcé) en fait une plante fourragère de peu de valeur. Ingérée en trop grande quantité par le bétail, elle provoque des diarrhées importantes.

La fécondation de ces plantes est assurée par le vent, de même que la dissémination des fruits (anémogamie et anémochorie).

**Linaria vulgaris** (voir p. 54).

---

# RANUNCULUS BULBOSUS L.
## (RENONCULE BULBEUSE)

*(photo p. 26)*

| | | |
|---|---|---|
| **F : Renonculacées** | **Alt.: 0 à 2 100 m** | **T : 20 à 60 cm** |
| **Fl.: avril - mai - juin** | **V** | **C** |

**Détermination :**

— Plante herbacée aux tiges dressées portant à la base des feuilles pétiolées et découpées en lobes larges et au sommet des feuilles souvent sessiles et lacéniées.

— Les tiges à la base sont renflées en bulbe souterrain.

— Les fleurs de 2 à 3 cm de large sont portées par des pédoncules floraux striés ; les cinq pétales sont d'un jaune brillant ; les sépales velus sont membraneux et présentent la particularité d'être rabattus contre le pédoncule ; les étamines nombreuses entourent la masse sphérique formée par les carpelles.

**Attention :** peut se confondre avec la renoncule âcre (Ranuncuius acer L., pas de bulbe, sépales étalés, pédoncules floraux lisses) et avec la renoncule rampante (Ranunculus repens L., pas de bulbe, port rampant, sépales étalés).

**Biologie et écologie :**

*Cette grosse renoncule se rencontre fréquemment dans les prairies, les champs et les chemins ; robuste, elle résiste très bien aux conditions hydriques déficitaires : elle croît dans les prairies à tendance sèche. Le bulbe situé à la base de la tige provient d'un épaississement de cette dernière (bulbe « solide »). Il contient des réserves abon-*

*dantes permettant à la plante de subsister pendant la mauvaise saison et assurant la floraison de l'année suivante.*

*Les fleurs vivement colorées attirent les insectes : elles possèdent en outre des nectaires (onglets glanduleux à la base des pétales sécrétant un liquide sucré : le nectar dont beaucoup d'insectes sont friands). Ces insectes, en butinant, sont responsables de la fécondation en transportant les grains de pollen sur les stigmates des carpelles.*

---

## RANUNCULUS ACER L. *(dessin p. 3 de couverture)*
## (BOUTON D'OR ACRE)

| F : Renonculacées | Alt.: 0 à 2 000 m | T : 0,30 à 1 m |
|---|---|---|
| Fl.: mai - juin - juillet | V | CC |

**Détermination :**

Plante herbacée ; les feuilles de la base sont longuement pétiolées et portent cinq à six lobes larges et pointus ; les feuilles supérieures sont sessiles (sans pétiole) et laciniées (le limbe est divisé en lanières).

Les fleurs, d'un jaune d'or très vif, sont portées par des pédoncules lisses. Leurs cinq sépales membraneux sont étalés sous les pétales (regarder sur les fleurs jeunes, car les sépales tombent très vite). Les carpelles nombreux sont disposés au centre de la fleur en une tête sphérique.

**Attention :**

Ne pas confondre avec les deux espèces proches :

— Renoncule rampante (Ranunculus repens L.) : pédoncules floraux striés.

---

**Onobrychis viciifolia** (voir p. 25).

— Renoncule bulbeuse (Ranunculus bulbosus L.) : sépales rabattus sur le pédoncule floral.

**Biologie et écologie :**

*Une des plus communes de nos régions, cette renoncule émaille, au printemps et en été, les prairies vertes de ses fleurs dorées.*

*La renoncule âcre se rencontre aussi dans les bois clairs et herbeux. C'est pourquoi sa présence dans les prairies peut être considérée comme une relique des forêts disparues.*

*Comme toutes les renoncules, mais en quantité plus importante, elle contient un suc vénéneux, âcre au goût (d'où son nom): la protoanémonine qui irrite les muqueuses des animaux, provoquant des douleurs stomacales et des inflammations rénales ; sa présence dans les pacages ou dans les prairies de fauche n'est guère appréciée des agriculteurs.*

---

# ARABIDOPSIS THALIANA Heynh
## (FAUSSE ARABETTE)

(photo p. 47)

| | | |
|---|---|---|
| **F :** Crucifères | **Alt.:** 0 à 2 000 m. | **T :** 5 à 40 cm |
| **Fl.:** janvier - février - mars - avril - mai | **A ou Bis.** | **CC** |

**Détermination :**

— Racines grêles caractéristiques de toutes les plantes annuelles (elle peut être exceptionnellement bisannuelle lors des hivers doux).

— La plupart des feuilles sont disposées en rosette à la base de la tige dressée. Il en existe cependant certaines le long de la tige : elles sont alors sessiles. Les feuilles de la rosette sont oblongues, dentées, finement velues.

— Les fleurs, petites, blanches, terminent la tige (une tige par rosette le plus souvent). Les fleurs les plus jeunes (encore en bouton) sont au sommet. Les fleurs inférieures sont fanées et déjà transformées en fruit.

— Les fruits sont des siliques étroites, linéaires, cylindriques et très grêles : elles s'ouvrent par deux valves séparées par une cloison et contiennent une dizaine de graines noires et dures.

**Remarque :** Pour déterminer les crucifères, il est essentiel d'avoir leurs fruits (silique ou silicule). Par exemple : le genre arabidopsis (fausse arabette) se distingue facilement du genre Arabis L. (arabette) grâce aux fruits.

• Les siliques d'Arabidopsis sont marquées sur chaque valve de trois nervures.

• Les siliques d'Arabis sont marquées sur chaque valve d'une seule nervure.

**Biologie et écologie :**

*Cette plante gracile se rencontre très communément dans les prairies siliceuses ou le long des chemins : elle doit son nom (Arabis, d'Arabie : nom ancien désignant peut-être une moutarde, et opsis : aspect) à sa ressemblance avec les Arabettes.*

*La fécondation est assurée par les insectes (fleurs à nectaires). Lorsque les fruits sont mûrs, les deux valves du fruit se séparent en expulsant les graines (autodissémination).*

---

## SANGUISORBA MINOR Scop
(PETITE PIMPRENELLE)

*(photo p. 62)*

**F :** **Rosacées**          **Alt.: 0 à 2 000 m**          **T : 30 à 60 cm**
**Fl.: avril - mai - juin**      **V**                      **CC**

**Détermination :**

— Plante herbacée portant une rosette très fournie de feuilles composées de sept à quinze folioles ovales et dentées, disposées en deux rangs et attachées à l'axe de la feuille par un pédoncule court et entièrement vert.

— Les fleurs sans corolles ont un calice verdâtre taché de rouge (surtout pour les fleurs exposées au soleil). Elles sont groupées en têtes ovales globuleuses au sommet de pédoncules dressés et peu ramifiés.

— Le fruit est un akène enveloppé par les restes du calice.

**Attention :** Une espèce proche, la grande pimprenelle (Sanguisorba officinalis L.) s'en distingue par :

• des fleurs d'un pourpre foncé,

• des feuilles composées de folioles plus grandes d'un vert glauque et attachées à l'axe de la feuille par des pédoncules bien développés et souvent teintés de rouge.

De plus, la grande pimprenelle affectionne les prairies humides, même inondées.

**Biologie et écologie :**

*Ces petites rosacées croissent en touffes nombreuses dans les prairies ou sur les rocailles.*

*La fécondation est assurée par le vent. Fait remarquable, on constate que dans les inflorescences les fleurs du sommet sont femelles, les fleurs de la base sont mâles et les fleurs intermédiaires sont hermaphrodites.*

*Remarque : la pimprenelle doit son nom latin (sanguisorba) aux propriétés hémostatiques qu'on lui prête (sanguis : sang ; sorbere : absorber).*

---

## MEDICAGO SATIVA L.
(LUZERNE CULTIVÉE)

*(dessin p. 3 de couverture)*

**F :** **Papilionacées**       **Alt.: 0 à 1 600 m**        **T : 30 à 80 cm**
**Fl.: mai - juin - juillet -**   **V**                      **CC**
**août - septembre**

**Détermination :**

— Plante à souche plus ou moins ligneuse.

— Les tiges dressées portent des feuilles composées de trois folioles étroites et dentées. La forme de ces folioles est variable selon les nombreuses sous-espèces (ovale à linéaire).

— Les fleurs de type papilionacé, assez grandes, forment des grappes oblongues bien fournies ; le plus souvent, ces fleurs sont bleues, jaunâtres veinées de violet ou de vert et parfois blanches.

— Les fruits sont des gousses caractéristiques en forme de faux ou en spirale de deux ou trois tours avec toujours un vide central. Ces gousses sont sans épines ni tubercules à bords lisses et le plus souvent velus. Elles contiennent plusieurs graines.

**Biologie et écologie :**

*Il existe de nombreuses espèces de luzerne. Celle-ci est la plus grande et de plus elle est la seule à fleurs bleu-violet. La luzerne cultivée est une plante originaire du Proche-Orient et d'Asie centrale. En France, elle est cultivée « en grand » depuis le début du XIX$^e$ siècle. Son importance en tant que fourrage ne cesse de croître. Robuste, elle pousse sur les terrains les plus pauvres (même ceux déficitaires en nitrate, car comme toutes les papilionacées elle porte des nodosités bactériennes).*

*De plus, cette plante se naturalise facilement et on la rencontre en abondance dans les prairies naturelles, le long des chemins, des terrains vagues, etc. De nombreuses sous-espèces sont apparues. Par exemple la ssp. Falcata, à folioles étroites et à fleurs violacées, envahit les buttes sèches et les pelouses des régions calcaires.*

*La pollinisation de la luzerne cultivée est assurée par des insectes à trompe longue (papillons, bourdons).*

**Campanula glomerata** (voir p. 40).

**Trifolium pratense** (voir p. 24).

**Lathyrus pratensis** (voir p. 27).

# MEDICAGO LUPULINA L.
## (LUZERNE MINETTE)

*(dessin p. 3 de couverture)*

**F :  Papilionacées**
**Fl.: avril - mai - juin -**
  **juillet - août - sept. -**
  **octobre**

**Alt.: 0 à 1 800 m**
**A ou Bis.**

**T : 10 à 30 cm**
**CC**

**Détermination :**

— Petite plante herbacée à port souvent rampant, formant des touffes à contour circulaire.

— Les tiges portent des feuilles composées de trois folioles dentées, oblongues et pointues au sommet. L'extrême pointe de la foliole porte une échancrure au niveau de la nervure principale. Au centre de l'échancrure on peut voir une petite pointe ou mucron (regarder à contre-jour).

— Les fleurs, très petites (2 à 3 mm), d'un jaune doré, sont groupées par 15 - 20 en une tête ovale serrée (aspect d'un trèfle).

— Le fruit est une gousse minuscule — 2 - 3 mm — renflée en forme de rein. Les parois des gousses sont parcourues par un réseau de nervures allongé parallèlement aux bords.

**Attention :** Cette luzerne ressemble beaucoup aux petits trèfles à fleurs jaunes que l'on rencontre fréquemment (notamment Trifolium campestre L.). Trifolium campestre (trèfle champêtre) présente une gousse droite ; de plus, les folioles ne sont pas terminées par un mucron. Les mucrons terminant les folioles ainsi que les fruits courbés ou spiralés sont caractéristiques des luzernes.

**Biologie et écologie :**

*La minette est abondante dans les prés, les champs, le long des chemins. On la rencontre dans les lieux à tendances sèches.*

*Elle constitue un excellent fourrage et est très appréciée des animaux.*

Remarque : *Le nom latin (Lupulina) de cette plante a pour origine Humulus Lupulus (nom latin du houblon). La forme des grappes des fleurs de la minette évoque, en effet, la forme des cônes du houblon.*

---

# TRIFOLIUM PRATENSE L.
## (TRÈFLE DES PRÉS)

*(photo p. 23)*

**F :  Papilionacées**
**Fl.: mai - juin - juillet -**
  **août - septembre**

**Alt.: 0 à 1 800 m**
**V (parfois Bis.)**

**T : 15 à 40 cm**
**CC**

**Détermination :**

— Plante herbacée vivace, plus ou moins velue, à souche épaisse, s'enfonçant profondément dans le sol et d'où partent des pousses stériles.

— Les feuilles disposées à la base de la tige sont longuement pétiolées. Celles du haut de la tige le sont plus courtement. Ces feuilles sont composées de trois folioles molles, entières ou légèrement dentées. Ces folioles sont souvent tachées de pourpre ou de blanc.

— Les fleurs purpurines sont groupées en têtes aussi larges que longues : ces têtes sont portées par des pédoncules courts à l'aisselle des feuilles. Le calice des fleurs est velu à dents inégales.

— Les fruits sont des gousses droites contenant une seule graine.

**Biologie et écologie :**

*Le trèfle des prés est cultivé « en grand » de la plaine à la montagne, car c'est une excellente plante fourragère. On la trouve aussi dans toutes les bonnes prairies, le long des chemins, les clairières. Peu exigeante, cette plante réussit particulièrement bien sous les climats pluvieux à hivers peu rigoureux.*

*Les fleurs sont pourvues de glandes nectarifères cachées au plus profond de la corolle. La fécondation est assurée par les insectes (presque exclusivement les bourdons).*

*Lorsque le fruit se forme, on constate une reprise de la croissance du calice qui ainsi enveloppe et protège le jeune fruit (le calice est dit acrescent).*

---

# ONOBRYCHIS VICIIFOLIA Scop.
## (SAINFOIN, ESCARPETTE)

*(photo p. 19)*

| | | |
|---|---|---|
| **F :** Papilionacées | **Alt.:** 0 à 2 500 m | **T :** 30 à 80 cm |
| **Fl.:** mai - juin - juillet - août | **V** | **C** |

**Détermination :**

— Grande plante à souche ligneuse et ramifiée portant des rejets feuillés.

— Tiges dressées ramifiées portant des feuilles composées imparipennées (terminées par une foliole). Les folioles, d'un beau vert, sont ovales, voire linéaires : on en compte 11 à 21 par feuille.

— Les fleurs de type papilionacée forment des grappes assez serrées terminant les tiges. Elles sont roses rayées de pourpre.

— Les fruits sont des gousses de 6 à 8 mm dentées et finement épineuses.

**Remarque :** Pour Fournier, Onobrychis viciifolia est une grande espèce contenant deux sous-espèces :

• montana Lmk. et DC (sainfoin de montagne) à tige courte et à fleur rouge foncé ;

• sativa Lmk. (sainfoin cultivé) à fleur rose dont l'étendard égale la carène ; cette sous-espèce est cultivée et souvent échappée.

**Biologie et écologie :**

*Cette très belle papilionacée croît dans les prés, le long des cultures où ses fleurs roses attirent l'œil. Elle préfère les sols calcaires. Elle est cultivée en France depuis la Renaissance.*

*Le sainfoin constitue un excellent fourrage. L'origine de la ssp. Sativa est énigmatique. Pour certains elle provient de la ssp. Montana.*

*La culture du sainfoin est actuellement en recul ; on lui préfère, pour des raisons de rentabilité, trèfles et luzernes.*

*Le nom latin de la plante provient du grec onos = âne, et brykein = brouter (fourrage d'âne).*

**Ranunculus bulbosus** (voir p. 18).

# VICIA SEPIUM L.
(*photo p. 55*)
## (VESCE DES HAIES, VARLOTTE)

**F :** Papilionacées      **Alt.: 0 à 1 800 m**      **T : 30 à 50 cm**
**Fl.:** avril - mai - juin -      **V**      **CC**
      juillet

**Détermination :**

     — Plante à souche importante d'où partent des stolons (tiges rampantes).

     — Les tiges vertes plus ou moins grimpantes, de quelques millimètres de diamètre, portent des feuilles nombreuses. Ces feuilles sont composées de 10 - 20 folioles ovales, obtuses, et sont terminées par des vrilles s'enroulant aux végétaux voisins.

     — Les fleurs de 12 à 15 mm, d'un violet sale strié de pourpre, sont groupées par trois à cinq sur un court pédoncule à l'aisselle des feuilles.

     — Le fruit est une gousse glabre devenant noire à maturité : elle contient plusieurs petites graines.

     **Attention :** La varlotte peut se confondre avec la vesce cultivée (Vicia sativa L.). Cependant, cette dernière est une plante d'un vert plus franc, dont les fleurs subsessiles (c'est-à-dire portées par un pédoncule très court) sont disposées par une ou deux à l'aisselle des feuilles. De plus, ces fleurs sont d'un rose très soutenu (parfois, certains pétales sont violets).

**Biologie et écologie :**

La vesce des haies est commune dans les prés, les pentes herbeuses, mais elle recherche les endroits ombragés (haies et taillis). Elle aime les sols riches et profonds (ses racines peuvent descendre jusqu'à 1 m de profondeur). Comme toutes les légumineuses, elle donne un fourrage très nutritif : elle est parfois cultivée.

La fécondation des fleurs est assurée par les insectes.

Lorsque la gousse est mûre (elle est alors noire), les deux valves se séparent brusquement et se spiralisent, projetant ainsi les graines loin de la plante (autodissémination). Ce phénomène purement mécanique est dû à l'existence de tissus réagissant différemment au dessèchement (lors de la maturation).

---

# LATHYRUS PRATENSIS L.
(GESSE DES PRÉS)

*(photo p. 23)*

| F : Papilionacées | Alt.: 0 à 2 100 m | T : 30 à 80 cm |
|---|---|---|
| Fl.: juin - juillet | V | CC |

**Détermination :**

— Longue souche traçante portant des tiges herbacées ascendantes anguleuses.

— Les feuilles sont terminées par une vrille enroulée. Elles sont munies de deux folioles de 2 - 4 cm de long sur 0,5 à 1 cm de large. A la base de chaque feuille, deux stipules grandes en demi-fer de lance.

**llis perennis** (voir p. 41).

**Centaurea jacea** (voir p. 45).

— Les fleurs, à corolle papilionacée d'un beau jaune, forment une grappe unilatérale (de 4 - 12 fleurs) portée par une hampe longue.

— Le fruit est une gousse pointue.

**Attention :** On confond souvent gesse (genre Lathyrus) et vesces (genre Vicia). Les vesces ont des feuilles munies de nombreuses folioles. Chaque foliole a une nervure principale d'où partent des nervures secondaires disposées en V.

Les gesses ont des feuilles munies de folioles peu nombreuses : chaque foliole est parcourue de nombreuses nervures parallèles.

**Biologie et écologie :**

*De la plaine à la moyenne montagne, on rencontre cette gesse dans tous les milieux : prairies, lisières des bois, taillis, bords des eaux. Elle constitue une plante fourragère de qualité.*

*Comme toutes les papilionacées, elle possède sur ses racines des renflements sphériques : les nodosités. Ces nodosités contiennent au centre des bactéries (du genre Rysobium) qui ont la propriété de fixer l'azote atmosphérique pour la transformer en nitrates : il s'agit là d'un cas de symbiose entre la plante et les bactéries ; celles-ci fournissent des nitrates permettant à la gesse de vivre sur des sols qui en sont presque dépourvus. La plante-hôte, en retour, fournit aux bactéries abri et nourriture sous forme de substances carbonées fabriquées par les tiges et les feuilles.*

*Cette propriété des légumineuses est utilisée depuis fort longtemps par les agriculteurs : la technique de l'assolement en dérive. Sur un sol épuisé par des cultures de céréales, on plante des légumineuses, reconstituant ainsi la réserve en nitrate du sol. Cette technique disparaît de plus en plus, l'utilisation d'engrais chimiques se généralisant.*

---

## LOTUS CORNICULATUS L. *(dessin p. 2 de couverture)*
## (LOTIER CORNICULÉ : PIED-DE-POULE)

| | | |
|---|---|---|
| **F** : Papilionacées | **Alt.** : 0 à 1 500 m | **CC** |
| **Fl** : mai - juin - juillet - août | **T** : 10 à 30 cm | **V** |

**Détermination :**

— Tige souvent couchée, pleine.

— Elle porte des feuilles composées de 3 folioles pointues et munies à leurs bases de 2 stipules bien développées.

— Les fleurs jaunes sont groupées en ombelles lâches de 2 à 6.

— Les fruits sont des gousses droites et cylindriques.

**Attention :** Le lotier corniculé peut facilement se confondre avec le lotier des marais (lotus ultiginosus schk) ; pour distinguer ces deux espèces il suffit de briser leurs tiges :

— Celle du lotier corniculé est pleine.

— Celle du lotier des marais est creuse.

D'autre part, le lotier des marais affectionne les endroits humides.

**Remarque :** Il existe de très nombreuses sous-espèces de lotier corniculé dont la distinction très délicate est encore compliquée par l'existence de nombreux hybrides.

**Biologie et écologie :**

*Le lotier se rencontre en abondance dans toutes les prairies de plaine et de montagne. En effet, chacune des sous-espèces et de leurs hybrides ont des adaptations particulières, leur permettant de coloniser des milieux très différents (ssp. tenuifolius à folioles très réduites et velues des milieux secs ; ssp. alpinus naine à fleurs grosses lavées de rouge des hautes montagnes).*

*La valeur nutritive de cette plante la fait souvent cultiver comme plante fourragère.*

*Chez le lotier, le pollen (éléments mâles) mûrit bien avant les ovules (éléments femelles) contenus dans les carpelles. Ainsi la fécondation ne peut se faire entre les éléments mâles et femelles d'une même fleur. La fécondation croisée (entre fleurs différentes) est assurée par les insectes.*

---

# POLYGALA VULGARIS L.

(POLYGALE COMMUNE)

*(photo p. 35)*

| | | |
|---|---|---|
| F : Polygalacées | Alt. : 0 à 2.200 m | V |
| Fl : mai - juin - juillet - août | T : 10 à 30 cm | C |

**Détermination :**

— Plante à souche ramifiée et longue.

— Tige herbacée verte portant des feuilles opposées, ovales pointues (mais leur forme peut varier énormément) d'un beau vert franc.

— Les fleurs constituent des grappes terminant les tiges, généralement plus courtes que la moitié de la tige.

— Les fleurs d'un bleu vif, mais parfois aussi blanches ou roses, ont une organisation très particulière : 5 sépales très inégaux dont 3 extérieurs très petits et 2 intérieurs très grands à aspect de pétales (bleu veiné de vert).

3 pétales inégaux formant ensemble une houppe gracieuse. Le pétale inférieur, plus grand, forme une carène découpée en fines lanières.

8 étamines (pollen) soudées aux pétales.

1 style creusé d'une cavité en forme de cuiller et terminé par un stigmate gluant.

**Remarque :** Le nom de cette plante a pour origine le grec polys = beaucoup et gala = lait. En effet, cette plante passe pour avoir la propriété de stimuler la production du lait chez les vaches.

## Biologie et écologie :

*On rencontre cette jolie petite fleur dans les prairies mésophiles ou à tendance sèche, des régions siliceuses. Dans les régions calcaires, elle est remplacée par Polygala Calcarea caractérisé par une rosette de feuilles grandes et ovales situées vers le milieu de la tige.*

*La fécondation peut être croisée (entre deux fleurs différentes). Elle est alors assurée par les insectes. Le pollen tombe des étamines et s'accumule dans la cavité en forme de cuiller creusée dans la style. Il est emporté par les insectes attirés par la couleur vive des fleurs. Si la fécondation par les insectes n'a pas lieu, le stigmate gluant se recourbe vers la cavité du style et se couvre de pollen (autofécondation). Les graines fines sont disséminées par les fourmis. Elles ne peuvent germer qu'à la lumière.*

**Plantago lanceolata** (voir p. 57).

**Erodium cicutarium** (voir p. 52).

**Arrhenatherum elatius** (voir p. 10).

# DAUCUS CAROTTA L.
(CAROTTE SAUVAGE)

*(photo p. 15)*

**F :** Ombelliférées  **Alt. :** 0 à 1 500 m  **Bis.**
**Fl :** mai - juin - juillet -  **T :** 0,30 à 1 m  **CC**
   août

**Détermination :**
— Racine souterraine, pivotante, blanchâtre et peu renflée.
— Tige dressée, très souvent ramifiée, couverte de grosses soies brunes. Elles portent des feuilles deux ou trois fois divisées à pourtour ovale, triangulaire. Lorsque l'on froisse la plante il s'en dégage une odeur de carotte caractéristique et forte.
— Les fleurs sont groupées en une inflorescence typique de la famille : l'ombelle est composée de petites ombellules. L'ombelle de la carotte est très fournie. Elle est formée de rayons tous égaux. Sous l'ombelle on trouve une involucre de bractées vertes et pannées. Sous chaque ombelle, on trouve une involucelle de bractées vertes et filiformes.
— Les fleurs sont petites, blanches ou rosées. La fleur centrale de l'ombelle est souvent violet pourpre. Elle possède des nectaires très développés (jaune).
— Les fruits sont des diakènes munis d'épines et de crochets.

**Biologie et écologie :**
*La carotte sauvage est une plante très abondante dans les prairies mésophiles mais aussi sur les talus secs, le long des chemins, les lieux incultes.*
*Cette plante bisannuelle ne présente la première année qu'une rosette de feuilles au ras du sol. C'est pendant cette première année que se constituent les réserves de la racine. La deuxième année ces réserves sont utilisées par la plante pour édifier une grande tige portant les fleurs. La fécondation des fleurs est assurée par les insectes (coléoptères et hyménoptères). Les fruits épineux sont disséminés par les animaux auxquels ils s'accrochent (zoochorie). Après la floraison et la fructification la plante meurt.*
*La carotte cultivée est une sous-espèce de la carotte sauvage (Daucus Carotta ssp. sativa). La racine consommée depuis la plus haute Antiquité (mais sous une forme blanche, les formes rouges et jaunes n'existent que depuis le XVIIe siècle) est riche en vitamines A, B, C.*

---

# HERACLEUM SPONDYLIUM L.    *(dessin p. 2 de couverture)*
(GRANDE BERCE - BRANC URSINE)

**F :** Ombellifères  **Alt. :** 0 à 1 700 m  **V**
**Fl :** juin - juillet - sept.  **T :** 0,5 à 1,5 m  **CC**

**Détermination :**
— Plante élevée très robuste, velue.
— Tige creuse, épaisse de quelques centimètres, anguleuse,

sculptée de fortes cannelures et portant des soies vigoureuses et touffues.

— Feuilles amples à grandes divisions, leurs bases forment des gaines ventrues. Sur leur revers, les nervures sont soulignées de soies.

— Fleurs blanches disposées en grandes ombelles sans involucre de 10-40 rayons terminés par des ombellules munies d'involucelles ciliés.

— Les fleurs de la périphérie des ombelles sont plus grandes et dissymétriques.

— Les fruits sont des diakènes ailés.

**Remarque :** Il existe de nombreuses sous-espèces de Branc Ursine, que l'on rencontre dans les montagnes ; ex. : Heracleum alpinum, Heracleum pyrenaïcum.

### Biologie et écologie :

*Cette très grande ombellifère envahit les prairies, les bois ou les bords de chemins.*

*Elle est très peu appréciée des cultivateurs car ses tiges épaisses et dures sont délaissées par le bétail.*

*La Grande Berce réussit très bien dans les prairies de fauche : elle fleurit après la première fauche et ses fruits sont déjà mûrs lors de la coupe du regain. On prêtait autrefois à cette plante des propriétés officinales les plus diverses : ses fruits servaient d'antispasmodiques ; les racines et les feuilles étaient prescrites contre la dysenterie et l'épilepsie.*

*Pourtant, certaines personnes sensibles sont irritées au simple contact du suc de la plante : leur peau rougit et se couvre de cloques.*

---

# PRIMULA OFFICINALIS Hill
(PRIMEVÈRE - COUCOU)                                    *(photo p. 14)*

| | | |
|---|---|---|
| **F :** Primulacées | **Alt. :** 0 à 2 000 m | **CC** |
| **Fl :** avril - mai | **V** | **T :** 10 à 30 cm |

### Détermination :

— Racines nombreuses et grosses.

— Feuilles disposées en une rosette, au ras du sol, qui seule subsiste pendant l'hiver et la période de non-floraison. Ces feuilles sont ridées, gaufrées, couvertes de fins poils sur la face inférieure. Leurs pétioles sont ailés.

— Les fleurs odorantes sont disposées en ombelles au sommet d'une hampe dressée. La corolle des fleurs d'un jaune d'or est formée d'un tube découpé en 5 lobes étoilés marqués à la base d'une tache orangée. Le calice présente 5 angles saillants correspondant aux 5 sépales.

— Le fruit est une capsule ; fruit sec globuleux qui s'ouvre par des dents ; les graines sont petites et sphériques.

**Galium cruciatum** (voir p. 37).

**Attention :** La primevère élevée (Primula Elatior Scheber) peut se confondre avec le coucou mais elle en diffère essentiellement par :
— la couleur jaune clair des fleurs,
— son absence d'odeur,
— la plus grande taille de ses fleurs (2 à 3 cm).

## Biologie et écologie :

*Le coucou est une des premières fleurs du printemps. On la trouve en abondance dans les prairies et dans les sous-bois.*

*Chez le coucou il existe deux sortes de fleurs :*

*— les unes à styles longs portent leurs étamines vers le milieu du tube de la corolle ; ces étamines produisent du pollen très fin ; les stigmates prolongeant les styles sont garnies de grosses papilles ;*

*— les autres à styles courts portent leurs étamines au sommet du tube de la corolle ; le pollen est ici très gros : les stigmates sont garnies de papilles fines.*

*Cette particularité favorise la pollinisation croisée : le pollen du deuxième type très gros ne peut féconder les stigmates du deuxième type (stigmate enfoncé dans le tube et papilles très fines). Par contre, transporté par les insectes jusqu'aux fleurs du premier type, il pourra se fixer sur leurs stigmates et en germant réaliser la fécondation des ovules contenus dans les carpelles.*

*Cueillie et séchée, cette fleur est utilisée pour faire des tisanes aux vertus curatives. La médecine modene ne la dédaigne pas car elle contient de 9 à 10 % de saponines qui sont probablement responsables de l'effet sudorifique, expectoratif et diurétique des tisanes.*

## GENRE EUPHRASIA Sp.
## (EUPHRAISE, CASSE-LUNETTE)

*(dessin p. 3 de couverture)*

**F :** Scrofulariacées  **Alt.:** 0 à 3 000 m  **T :** 5 à 30 cm
**Fl.:** mai - juin - juillet -  **A**     **CC**
 août - sept. - oct.

**Détermination :**

— Plante herbacée à racines grêles.

— Tige à poils glanduleux (portant des glandes) le plus souvent ramifiée.

— Feuilles opposées deux à deux. De formes ovales, obtuses ou aiguës, elles sont profondément dentées.

— Les fleurs forment des épis courts terminant les tiges et entremêlés de bractées vertes très peu différentes des feuilles.

— La corolle des fleurs de 1 à 1,5 cm est divisée en deux lèvres, de couleur blanche bleutée striée de violet. La lèvre inférieure est souvent tachée de jaune.

— Les fruits sont des capsules à loges contenant plusieurs graines ridées.

**Remarque :** Il est très difficile pour un non-spécialiste de distinguer les espèces d'euphraises.

**Biologie et écologie :**

*Cette jolie petite plante, aux fleurs décoratives, se rencontre dans beaucoup de prairies, de champs ou de landes.*

**Polygala vulgaris** (voir p. 29).

*Elle vit au détriment des graminées : elle possède des racines terminées par des suçoirs enfoncés dans les racines des graminées qui l'entourent. Elle prélève surtout de la sève brute (pauvre en éléments carbonés mais riche en éléments minéraux). En effet, cette plante verte est capable de fabriquer les éléments carbonés dont elle a besoin à partir du gaz carbonique de l'air (photosynthèse : elle contient de la chlorophylle pigment vert qui capte la lumière solaire): c'est pourquoi l'on parle à son propos de semi-parasitisme.*

*Cependant, les euphraises causent parfois des dégâts visibles dans les prairies (les graminées parasitées sont plus petites, jaunissantes).*

*Le nom vulgaire (casse-lunette) qu'on lui donne fait allusion aux propriétés stimulatrices de la vision que les anciens prêtaient aux tisanes d'euphraises.*

---

## RHINANTHUS ALECTOROLOPHUS Pollich     *(photo p. 43)*
## (CRÊTE-DE-COQ)

**F :  Scrofulariacées**      **Alt.: 0 à 2 300 m**      **T : 10 à 70 cm**
**Fl.: mai - juin - juillet -**      **A**      **C**
       **août - septembre**

**Détermination :**

— Plante légèrement velue à tiges dressées plus ou moins ramifiée.

— Feuilles opposées sessiles et fortement dentées. Les nervures les parcourant forment un réseau très visible.

— Les fleurs sont groupées en épis terminant les tiges. Ces épis sont mêlés de bractées vertes, triangulaires (le plus souvent) et fortement dentées. La corolle de la fleur présente deux lèvres jaunes parfois tachées de blanc. La lèvre supérieure en casque pointu abrite étamines et stigmates. Le calice des fleurs de rhinanthe est remarquable : il est renflé en une grosse vésicule d'un vert pâle.

Le fruit est une capsule aplatie enfermée dans la vésicule formée par le calice. Cette vésicule subsiste lorsque le fruit est mûr.

**Remarque :** Rhinanthus alectorolophus est une « espèce collective » qui regroupe de très nombreuses sous-espèces (ou espèces selon certains spécialistes) différentes tant par des caractères anatomiques (parfois fort subtils) que par les milieux où on les rencontre.

« Rhinanthus » provient du grec Rhinos : nez, mufle, et du grec anthos : fleur, allusion à la forme de la corolle.

**Biologie et écologie :**

*La crête de coq est une plante commune dans les prairies les plus diverses, de la plaine à la montagne.*

*Comme beaucoup de scrofulariacées, c'est une plante semi-parasite (comme le genre euphrasia) vivant aux dépens des graminées.*

# GALIUM VERUM L.
## (GAILLET JAUNE - CAILLE-LAIT)

*(dessin p. 2 de couverture)*

**F :** Rubiacées      **Alt.:** 0 à 2 000 m      **T :** 0,30 à 1 m
**Fl.:** mai - juin      **CC**

### Détermination :

— Racines longues et ramifiées.

— Tiges vertes, velues, à quatre angles arrondis. Elles sont plus ou moins couchées à la base, très ramifiées, puis elles se redressent : elles portent des pièces foliaires disposées en verticille de 8 à 12. Certaines de ces pièces foliaires ont un bourgeon à leur aisselle (bourgeon pouvant donner naissance à une ramification): ce sont donc de vraies feuilles, les autres ne sont que des stipules. Ces pièces foliaires sont étroites, munies d'une seule nervure très visible et longues de 1 à 3 cm.

— Les fleurs odorantes possèdent quatre pétales vivement colorés en jaune. Très petites (2 à 3 mm), elles sont fort nombreuses et disposées en panicule aux sommets des tiges.

— Les fruits sont des akènes globuleux.

### Biologie et écologie :

*Parmi les gaillets de notre flore, c'est le plus joli. Il se rencontre souvent dans les prairies mésophiles et temporairement sèches, sur les talus, les bords de chemins et dans les haies.*

*Il possède une souche formée de racines traçantes (à développement horizontal) donnant naissance à de nombreux rejets, ce qui lui permet de coloniser rapidement un terrain propice : cela explique aussi pourquoi on le rencontre souvent en touffes.*

*Ses fleurs riches en nectar, faciles d'accès attirent en nombre abeilles et coléoptères qui réalisent ainsi leur fécondation.*

*Les gaillets ou caille-lait doivent leur nom à la propriété qu'ils ont de faire cailler le lait (Gallium, de gala = lait).*

---

# GALIUM CRUCIATUM L.
## (GAILLET CROISETTE)

*(photo p. 34)*

**F :** Rubiacées      **Alt.:** 0 à 2 300 m      **T :** 20 à 70 cm
**Fl.:** avril - mai - juin      **V**      **C**

### Détermination :

— Plante à souche rampante mais à tige dressée d'un vert tendre, couverte de poils blancs.

— Les tiges quadrangulaires sont peu rigides. Munies d'aiguillons sur les faces (mais pas sur les angles), elles s'agrippent à la végétation environnante sans être pour autant véritablement grimpantes.

— Les feuilles sont disposées en verticilles de quatre au niveau des nœuds (entre-nœuds le plus souvent long) ; elles sont parcourues par trois nervures ; elles sont rabattues vers le bas.

— Les fleurs jaunes sont petites et nombreuses. Elles sont disposées au niveau des entre-nœuds au-dessus des feuilles. Les fleurs les

**Orchis morio** (voir p. 16).

---

plus jeunes sont en haut de la tige (en bas de la tige on trouve déjà des fruits). Elles sont portées par des pédoncules ramifiés hérissés de longues soies et plus courtes que les feuilles.

— Les fruits sont des diakènes globuleux ; ni épines ni poils.

### Biologie et écologie :

*On rencontre le gaillet croisette en touffes denses sur le pourtour des prairies, le long des chemins, dans les haies, mais aussi dans les bois, car cette plante recherche les lieux ombragés.*

*La fécondation des fleurs est réalisée par les insectes. Lorsque la fleur est fécondée, le fruit commence à se développer. Les pédoncules floraux se remettent alors à croître. Ils se courbent, ce qui a pour effet d'amener les fruits en formation sous les feuilles contre la tige (protection leur permettant de poursuivre leur maturation).*

---

## KNAUTIA ARVENSIS L. (KNAUTIE DES CHAMPS, FLEURS DES VEUVES)

*(photo p. 2)*

**F : Dipsacacées**
**Fl.: mai - juin - juillet - août - sept. - oct.**

**Alt.: 0 à 1 900 m**
**V**

**T : 0,3 à 1,50 m**
**CC**

### Détermination :

— Plante velue à souche épaisse pivotante, surmontée d'une rosette de feuilles, de rejets stériles et de tiges fleuries.

— Les tiges sont munies de nombreuses paires de feuilles opposées, découpées plus ou moins profondément en segments inégaux.

— Les fleurs sont lilacées, rarement blanches. Elles sont groupées en un capitule possédant un involucre de bractées vertes et herbacées : le fond du capitule est hérissé de soies blanches (pour voir cela écarter les fleurs). Il y a deux types de fleurs :

• des fleurs hermaphrodites groupées par 85 - 100 en capitules de 3 à 4 cm,

• des fleurs femelles groupées par 55 - 600 en capitules de 1,5 à 2 cm.

— Les pétales des fleurs sont soudés en un tube évasé en quatre lobes.

— Les fruits sont des akènes velus. Portés par des pieds courts, ils sont munis de huit arêtes et ont une longueur de 5 à 6 mm.

**Attention :** On confond souvent Knautia arvensis et Scabiosa columbaria L. (scabieuse). Les tiges et les feuilles de ces deux plantes sont, en effet, très semblables.

Pour les distinguer, il faut regarder les fleurs et les fruits.

Chez Scabiosa columbaria, le calice cylindrique est armé de cinq arêtes noires, très visibles car elles dépassent la corolle lorsque les fleurs sont en boutons ; de plus, au sommet du calice, il y a une collerette membraneuse : collerette et arêtes formeront une sorte de parachute aidant à la dissémination du fruit.

**Hordeum murinum** (voir p. 46).

Notons enfin que chez la scabieuse le fond du capitule est garni entre les fleurs d'écailles membraneuses.

Il faut savoir aussi que la scabieuse vit dans les endroits secs.

**Biologie et écologie :**

*On rencontre la knautie dans les prairies mésophiles ou à tendance sèche de la plaine à la montagne (où cette espèce est souvent remplacée d'ailleurs par une espèce proche à feuilles entières plus exigeante en eau : Knautia sylvatica).*

*La fécondation est assurée par les insectes : la dissémination des fruits est l'œuvre des fourmis.*

---

# CAMPANULA GLOMERATA L.
## (CAMPANULE AGGLOMÉRÉE)

*(photo p. 22)*

| | | |
|---|---|---|
| **F :** Campanulacées | **Alt.:** 0 à 1 700 m | **T :** 15 à 60 cm |
| **Fl.:** juin - juillet | **V** | **CC** |

**Détermination :**

— Plante robuste, couverte de soies rudes à tiges dressées simples, dures et pleines.

— Les feuilles sont de deux types :

• les feuilles inférieures sont ovoïdes, allongées ou lancéolées finement crénelées : elles sont munies d'un pétiole ;

• les feuilles supérieures sont plus petites (sans pétiole), appliquées contre la tige par leurs bases arrondies.

— Les fleurs sont groupées en tête terminant les tiges : elles possèdent un calice de cinq sépales velus et aigus ; la corolle a une forme de clochette (campana, en latin, signifie cloche) de 2 à 3 cm. De couleur violette, rarement blanche, la corolle dépasse largement les styles.

— Les fruits sont des capsules s'ouvrant à leur base par trois fentes par où s'échappent à maturité les graines petites et nombreuses.

**Remarque :** Il existe de nombreuses campanules en France, mais les deux campanules prairiales les plus communes dans les prairies mésophiles sont la campanule agglomérée et la campanule étalée (Campanula patula L.) à tiges ramifiées terminées par des clochettes découpées en cinq lobes très étalés.

**Biologie et écologie :**

*La campanule agglomérée se plaît dans les prés, les pâtures, le long des chemins, dans les bois clairs des régions calcaires et argileuses.*

*Les fleurs sont pollinisées par les insectes, Lorsque vient la nuit ou lorsque le temps est mauvais, la corolle des fleurs se ferme, assurant ainsi la protection du pollen.*

*Cette espèce présente de nombreuses variétés dont certaines à fleurs énormes sont cultivées dans les jardins.*

# BELLIS PERENNIS L.

*(photo p. 27)*

## (PAQUERETTE, PETITE MARGUERITE)

| F : **Composées** | **Alt.: 0 à 2 400 m** | **T : 4 à 15 cm** |
|---|---|---|
| Fl.: **toute l'année** | **V** | **CCC** |

**Détermination :**

— Souche souterraine vivace munie de nombreuses racines et d'où partent parfois des rejets ; tige très réduite.

— Feuilles disposées en une rosette au ras du sol. Elles sont longues, rétrécies en pétioles ailés et ont une seule nervure visible.

— Les pédoncules floraux partent du centre de la rosette. Ils sont dépourvus de feuilles.

— Les fleurs des pâquerettes, comme toutes celles des composées, sont petites et nombreuses, groupées en un capitule de 1,5 à 2,5 cm. Les fleurs du bord du capitule sont munies d'une grande ligule (trois pétales soudés) blanche ou rosée. Les fleurs du centre du capitule sont jaunes (ce que l'on nomme communément « la fleur » de pâquerette est en fait le capitule).

— Le fruit est un akène plus ou moins aplati.

**Biologie et écologie :**

*Une des plus célèbres fleurs des prés, la pâquerette, se rencontre partout (prairies, pelouses des villes, chemins, bois clairs qui sont envahis par ces petits capitules vivement colorés).*

*Elle supporte bien la sécheresse, mais se rencontre aussi dans les lieux humides et ombragés. Les pâquerettes des lieux humides ont souvent une tige un peu plus allongée et feuillée.*

*Les pâquerettes se reproduisent par rejet (multiplication végétative) qui partent de la tige. Cela explique que l'on rencontre des touffes serrées constituées de plusieurs rosettes issues d'une rosette mère centrale.*

---

# TARAXACUM OFFICINALE Web

*(photo p. 50)*

## (PISSENLIT - DENT DE LION)

| F : **Composées** | **Alt.: 0 à 2 000 m** | **T : 10 à 30 cm** |
|---|---|---|
| Fl.: **mars - avril - mai -** | **V** | **CCC** |
| **juin - juillet - août -** | | |
| **sept. - oct. - nov.** | | |

**Détermination :**

— Plante à grosse racine pivotante donnant naissance à une ou plusieurs rosettes de feuilles au ras du sol.

— Ces feuilles sont de formes très variables, le plus souvent ovales, fortement lobées et dentées, d'un vert franc.

**Datura stramonium** (voir p. 53).

— Au centre de la rosette apparaissent les hampes florales portant chacune un seul capitule large de 3 à 5 cm. Ce capitule est formé de fleurs toutes ligulées d'un jaune d'or soutenu parfois lavé de rouge ou de brun sur la face inférieure.

— Avant la floraison ou lorsque la nuit tombe, le capitule est fermé et l'on ne voit que les nombreuses bractées vertes qui l'entourent.

— Le fruit est un akène surmonté typiquement d'une aigrette en forme de parapluie : le pappus. Lorsque les fruits sont à peine mûrs, ils restent attachés sur le pédoncule floral, formant ainsi une de ces gracieuses boules duveteuses que tout le monde connaît.

**Biologie et écologie :**

*Cette plante prairiale très populaire se rencontre partout, dans tous les champs, tous les herbages, de la plaine à la montagne. Elle affectionne particulièrement les sols profonds riches en matières nutritives.*

*Toute la plante contient un lait blanc ou latex qui perle lorsqu'on la blesse : ce lait contient des substances amères : la taraxacine et la taraxostérine, ainsi d'ailleurs que des substances bactéricides ; c'est pourquoi elle est utilisée en pharmacie.*

*Chez cette plante l'autofécondation est fréquente, ce qui explique les variations des caractères des feuilles (en effet, les petites différences résultant de mutations génétiques se conservent puisqu'il n'y a pas croisement entre individus différents).*

*Cette plante forme une nourriture très appréciée par les animaux, notamment les rongeurs.*

# CHRYSANTHEMUM LEUCANTHEMUM L.

*(photo p. 11)*

## (GRANDE MARGUERITE)

**F :** **Composées**  **Alt.:** **0 à 2 400 m**  **T :** **10 à 70 cm**
**Fl.:** **mai - juin - juillet -**  **Bis. ou V**  **CCC**
   **août - septembre -**
   **octobre - novembre**

### Détermination :

— Tige d'abord couchée, légèrement souterraine, portant de nombreuses racines. Puis la tige devient verte, se dresse.

— Elle porte alors des feuilles obovales, crénelées ou lobées ou entières. Les feuilles inférieures sont plus grandes que les feuilles supérieures qui, elles, sont toujours plus courtes que les intervalles de l'une à l'autre.

— Fleurs groupées en capitule. Les bractées du capitule sont vertes, bordées de noir, terminant les tiges. Les fleurs du bord du capitule sont munies de grandes ligules blanches. Les fleurs du centre du capitule sont en tubes d'un beau jaune doré.

— Les fruits sont des akènes sans aile.

**Remarque :** Plante aux caractères très variables (existence de très nombreuses sous-espèces).

### Biologie et écologie :

*La grande marguerite est une plante très populaire, avec ses grands capitules aux couleurs contrastées. On la rencontre en abondance dans les prairies ou les pelouses.*

**Rhinanthus alectorolophus** (voir p. 36).

**Phleum pratense** (voir p. 9).

*La pollinisation de cette plante est assurée par les insectes et la dissémination de ses graines est l'œuvre du vent ou des animaux.*

*Il existe de très nombreuses sous-espèces que l'on rencontre dans des milieux très différents : la sous-espèce Crassifolium possède des feuilles charnues et vit au bord de la mer ; la sous-espèce Pallens fréquente les lieux arides (les bractées des capitules sont vertes bordées de parchemin pâle).*

---

## SENECIO JACOBAEA L.
## (SENECON JACOBEE)

*(photo p. 2)*

| | | |
|---|---|---|
| **F :** Composées | **Alt.: 0 à 1 900 m** | **T : 30 à 90 cm** |
| **Fl.:** juin - juillet - août | **Bis., parfois V** | **C** |

### Détermination :

— Plante herbacée à souche courte, tronquée.

— Tige cannelée souvent teintée de rouge portant des feuilles nombreuses à disposition alternée.

— Les feuilles sont profondément divisées en lobes égaux (cependant, le lobe terminal est toujours un peu plus grand). Contre la tige, ses feuilles forment des oreillettes divisées (il existe cependant de nombreuses variations au niveau des feuilles selon les sous-espèces rencontrées).

— Les fleurs aux extrémités des tiges sont groupées en capitules de 1,5 à 2 cm. Ces capitules jaune d'or forment un corymbe compact : chaque capitule est entouré d'un involucre de bractées vertes et nombreuses (involucre bombé puis rétréci, puis s'évasant vers le haut).

Les fleurs sont de deux types :

• celles du centre du capitule ont une corolle en tube droit.

• celles de la périphérie portent de grandes ligules voyantes (1 cm de longueur).

— Les fruits sont des akènes munis d'aigrettes de poils blancs et caduques.

### Biologie et écologie :

*La jacobée est une plante très courante qui croît dans les prairies, les pâturages ou les lisières de forêts ; elle est rarement consommée par le bétail.*

*La pollinisation des fleurs est assurée par les hymenoptères (abeilles, etc.) et les diptères (mouches, etc.).*

*La dispersion des fruits est assurée par le vent (les aigrettes favorisant la prise au vent).*

*La jacobée doit son nom latin (de Senex = vieillard) à l'existence de ces aigrettes blanches ; Jacobea fait allusion au fait qu'elle fleurit vers la Saint-Jacques (25 juillet).*

## CENTAUREA JACEA L. (JACÉE, TÊTE DE MOINEAU)

(photo p. 27)

F : **Composées**
Fl.: **mai - juin - juillet - août - sept. - oct.**

Alt.: **0 à 2 000 m**
**V**

T : **20 à 70 cm**
**CCC**

### Détermination :

— Plante résistante à souche ramifiée croissant dans plusieurs directions.

— Tige dressée ramifiée portant des feuilles d'un vert sombre.

— Les feuilles sont de deux types :

• celles de la rosette de base sont ovoïdes, lancéolées et rétrécies en pétioles : elles peuvent aussi être lobées ;

• celles de la tige sont entières, linéaires.

— Les fleurs en forme de tubes sont groupées en capitules terminant les tiges : elles sont purpurines. Les capitules possèdent une involucre formée de nombreuses bractées marron, membraneuses ; ces bractées sont formées de deux parties :

• un disque de base.

• un appendice surmontant le disque : il est le plus souvent frangé de poils ou lacinié.

— Le fruit est un akène sans aigrette.

### Biologie et écologie :

*Cette jolie composée est fréquente en plaine sur les sols profonds : elle se rencontre dans les prairies mésophiles ou à tendance humide ; elle croît aussi dans les bois clairs, le long des chemins.*

*Cette plante est un peu ligneuse, dure, et de ce fait est délaissée par les animaux.*

*En montagne, la centaurée jacée devient plus rare et laisse la place à la centaurée noire (Centaurea nigra L.), dont les appendices des bractées de l'involucre sont munies de cils plumeux.*

●

**Chelidonium majus** (voir p. 51).

---

# III - DÉTERMINATION, BIOLOGIE
## ET ÉCOLOGIE
## DE QUELQUES PLANTES RUDÉRALES

## HORDEUM MURINUM L.
(ORGE DES SOURIS)

*photo p. 39)*

**F : Graminées**      **Alt.: 0 à 1 500 m**     **T : 10 à 50 cm**
**Fl.: juin - août**     **A ou Bis.**     **CC**
**Détermination :**

— Herbe d'un vert tendre souvent jaunissante.

— Les tiges d'abord couchées se redressent. Elles sont dépourvues de poils, à toucher rugueux.

— Les feuilles longues, planes et velues, forment de longues gaines entourant la tige : la feuille la plus haute est souvent plus ou moins redressée jusqu'à l'épi.

**Arabidopsis thaliana** (voir p. 20).

**Matricaria chamomilla** (voir p. 58).

— L'épi (typique des graminées) est ici très gros, cylindrique, évoquant la queue d'un rongeur. Il est formé de six rangées d'épillets. Les épillets portent de longues arêtes rugueuses disposées obliquement.

— Le fruit est un caryopse.

**Biologie et écologie :**

*L'orge des souris est une herbe folle très répandue dans les décombres, les terrains vagues, le long des murs, les chemins, les prairies ; c'est une espèce très cosmopolite : on la rencontre sur tous les continents.*

*Les arêtes longues et rudes que portent les épillets permettent la dissémination des fruits en se fixant dans la toison des animaux. On appelle parfois cette plante l'herbe voyageuse, car si on met un épi dans une manche, il se déplace dans un sens déterminé, la position oblique des arêtes empêchant tout retour en arrière.*

---

# URTICA DIOICA L. (GRANDE ORTIE)  *(photo p. 6)*

| | | |
|---|---|---|
| **F : Urticacées** | **Alt.: 0 à 2 400 m** | **T : 0,40 à 1,50 m** |
| **Fl.: juillet - août - sept.** | **V** | **CC** |

**Détermination :**

— Plante couverte de poils urticants d'un vert sombre.

— Souche jaune rampante et ramifiée émettant sans cesse de nouvelles tiges dressées.

— Ces tiges dressées peu ramifiées ont une section quadrangulaire. Elles portent des feuilles opposées deux à deux dentées, à pétioles courts ; la face inférieure est riche en poils urticants.

— Les fleurs sont minuscules et vertes. Les fleurs mâles sont groupées en panicules dressés, tandis que les femelles sont en grappes ramifiées et retombantes.

**Remarque :** Il existe en France une autre ortie : Urtica urens L. (ortie brûlante). C'est une plante urticante proche de la grande ortie, mais plus grêle, à souche courte et à fleurs d'un vert vif. Elle se rencontre dans les mêmes lieux que la grande ortie.

**Biologie et écologie :**

*Plante très abondante dans les sols riches en azote, en matières organiques, en purin, en fumier : elle envahit les prairies grâce à ses stolons traçants. Elle suit l'homme dans tous ses habitats (on dit qu'elle est anthropophile): on la rencontre autour des fermes, dans les terrains vagues, au cœur des villes, etc.*

*Les poils urticants sont formés d'une seule cellule terminée par une pointe acérée dont la paroi est riche en silice. Cette pointe pénètre dans l'épiderme et se brise en inoculant le venin qu'elle contient : ce venin est un mélange de substances telles que l'histamine, l'acétylcholine. Elle provoque une inflammation douloureuse mais de courte durée (rougeurs, sensation de frisson due à la contraction des fibres muscu-*

laires lisses contenues dans le derme). Ces poils sont une protection efficace contre la plupart des herbivores (cependant, certains insectes comme les charançons ou les chenilles du papillon *Aglais urtica* semblent s'en accommoder).

Cette plante est très utilisée en herboristerie : les tisanes sont diurétiques et soulagent les inflammations intestinales et stomacales.

La plante contient de nombreuses vitamines (vitamines C, vitamines A, etc.). Elle est consommée en soupe ou à la manière des épinards.

---

## CHENOPODIUM BONUS-HENRICUS L.    *(photo p. 54)*
## (ÉPINARD SAUVAGE - TOUTE-BONNE)

**F :** Chenopodiacées    **Alt.:** 200 à 2 500 m    **T :** 20 à 60 cm
**Fl.:** mai - août    **U**    **CC**

### Détermination :

— Plante robuste à souche épaisse, sans poils, et d'un vert foncé.

— Les feuilles sont larges, entières, leur pourtour évoque un fer de lance très grand. L'envers des feuilles est souvent farineux (surtout sur les feuilles jeunes recouvertes de poils sphériques blancs).

— Les fleurs, petites, verdâtres, sont groupées en boules qui forment un épi terminant les tiges.

— Le fruit est un akène globuleux, les graines sont petites et luisantes, marquées de petits points.

**Attention :** Un autre chenopode est aussi très courant : le chenopode blanc (Chenopodium album L.). Cette plante d'un vert glauque, très abondamment farineuse, possède des feuilles dentées.

**Remarque :** Chenopode vient du grec chên : oie, et podion : petit pied, par allusion, semble-t-il,. à la forme des feuilles de certains chenopodes.

### Biologie et écologie :

Les chenopodes sont les plus caractéristiques des plantes rudérales. On les rencontre au voisinage immédiat des maisons, des chemins, des décombres. Le chenopode Bon-Henri est rare en dessous de 200 m : il laisse la place au chenopode blanc. Par contre, au-dessus de 200 m, on trouve les deux chenopodes en mélanges.

Cette préférence de la plante pour l'abord des maisons est responsable du nom donné à la plante (saint Henri est le patron des habitats et des maisons).

Cette plante est de plus consommée surtout quand elle est jeune : on l'accommode à la manière des épinards.

**Taraxacum officinale** (voir p. 41).

---

## SAPONARIA OFFICINALIS L. (SAPONAIRE) *(photo p. 10)*

| | | |
|---|---|---|
| **F :** Caryophyllacées | **Alt.:** 0 à 1 600 m | **T :** 40 à 80 cm |
| **Fl.:** juin - sept. | **U** | **C** |

**Détermination :**

— Plante robuste à souche rampante blanchâtre mais à tiges vertes dressées et munies de nombreuses feuilles.

— Les feuilles sont disposées par deux le long de la tige. L'endroit de la tige où s'insèrent ces feuilles est généralement renflé (ces deux derniers points sont caractéristiques de la famille des caryophyllacées). Les feuilles de la saponaire sont larges (10 - 15 cm sur 5 cm), marquées de trois à cinq nervures parallèles.

— Les fleurs sont groupées en ombelle au sommet des tiges. Ces fleurs sont grandes, roses, odorantes. Les pétales sont généralement échancrés.

— Le fruit est une capsule s'ouvrant par quatre dents libérant de nombreuses petites graines sphériques et noires.

**Biologie et écologie :**

*La saponaire est une plante caractéristique des bords de chemins, de routes ou des terrains rapportés. Elle affectionne particulièrement les lieux à tendances humides : c'est pourquoi on la rencontre souvent dans les haies humides, dans les fossés.*

*D'origine méditerranéenne, cette plante a peu à peu conquis l'Europe entière. Dans certains pays, elle est cultivée pour son aspect ornemental mais aussi pour ses propriétés médicinales : on utilise en effet ses racines en infusions et en extraits efficaces contre la toux, diurétiques et sudorifiques. De plus la plante contient une substance toxique (la saponine) qui mousse dans l'eau comme du savon. La saponaire est encore utilisée de nos jours pour laver les tissus délicats.*

## CHELIDONIUM MAJUS L.
(CHÉLIDOINE, HERBE AUX VERRUES)

*(photo p. 46)*

**F :** Papaveracées     **Alt.:** 0 à 1 500 m     **T :** 20 à 80 cm
**Fl.:** mai - octobre       **U**            **CC**
**Détermination :**

— Grande plante d'un vert glauque.

— Toute la plante est parcourue par d'innombrables canaux contenant un suc âcre et brûlant d'un jaune orangé soutenu qui suinte de la moindre blessure.

— Les feuilles larges sont composées de folioles arrondies, grisâtres sur la face inférieure et parsemées de soies robustes.

— Les fleurs sont portées par de longs pédoncules. Elles possèdent deux sépales velus qui tombent rapidement et quatre pétales jaune vif protégeant une touffe fournie d'étamines.

— Le fruit est une capsule allongée à allure de gousse s'ouvrant par deux valves et laissant échapper à maturité des graines petites en forme de rein et munies d'une excroissance charnue.

**Remarque :** L'origine du nom chélidoine est pour certains auteurs le mot grec « chelidon » : hirondelle, par allusion au fait que cette plante fleurit au moment du retour de ces oiseaux migrateurs.

**Rumex acetosella** (voir p. 17).

**Biologie et écologie :**

*Cette plante fréquente les vieux murs, les décombres, etc. C'est une plante typiquement rudérale qui accompagne l'homme dans tous ses déplacements. On rencontre aussi cette plante dans les taillis ombragés, au bord des ruisseaux, jusque dans les villes. L'excroissance des graines est très appréciée des fourmis qui se chargent ainsi de la dissémination des graines.*

*C'est une plante contenant de nombreuses substances toxiques (dont la chelidonine) capables d'augmenter la pression sanguine et puissants narcotiques : son utilisation en médecine remonte à la nuit des temps ; elle était prise contre la jaunisse, les frissons, etc. On l'utilise encore couramment contre les verrues, les taches de rousseur, les durillons.*

---

## ALLIARIA OFFICINALIS Andrz (ALLIAIRE) *(photo p. 58)*

F : **Crucifères**          Alt.: **0 à 800 m**          T : **0,20 à 1 m**
Fl.: **mars à juillet**      **Bis.**                     **C**

**Détermination :**

— Plante robuste dressée dont toute la surface est souvent recouverte d'une fine farine bleutée.

— Lorsqu'on froisse la plante, il s'en dégage une odeur caractéristique d'ail (d'où le nom de la plante).

— Les feuilles de la base sont grandes en forme de cœur, dentées et munies d'un long pétiole. Celles du haut de la tige sont ovales, triangulaires, à pétiole court.

— Les fleurs sont disposées en groupes au sommet des tiges : elles sont petites (de 6 à 10 mm) à quatre pétales blancs disposés en croix (caractéristique des crucifères).

— Le fruit est allongé et mince (4 à 6 cm de long, 1 à 2 mm de large). C'est une silique typique de beaucoup de crucifères. Les graines sont petites et disposées sur un rang.

**Biologie et écologie :**

*L'alliaire est une plante commune qui affectionne les lieux ombragés. On la rencontre dans les bois clairs, les haies, mais aussi le long des murs, dans les décombres ; c'est une mauvaise herbe très répandue et très prolifique.*

*La médecine populaire lui reconnaissait des propriétés vulnaires et antiscorbutiques. Elle n'est plus guère utilisée de nos jours.*

---

## ERODIUM CICUTARIUM L. (BEC DE GRUE) *(photo p. 31)*

F : **Géraniacées**          Alt.: **0 à 2 000 m**          T : **10 à 50 cm**
Fl.: **mars - août**          **U, Bis. ou A**               **CC**

**Détermination :**

— Plante plus ou moins couchée étalée ou faiblement redressée, entièrement velue.

— Les feuilles nombreuses, de pourtour général ovale, sont une à deux fois profondément divisées.

— Les fleurs sont groupées par trois à huit à l'extrémité de tiges florales dressées partant à l'aisselle des feuilles.

— Ses fleurs sont munies d'une corolle de cinq pétales rouge vif ou rosé. Ces fleurs possèdent cinq étamines stériles et cinq étamines fertiles (ce dernier caractère permet de distinguer les Erodiums des Géraniums appartenant à la même famille, mais munis eux de dix étamines fertiles).

— Les fruits sont globuleux, velus. Ils sont munis d'une longue arête : ces arêtes accolées les unes aux autres et spiralées forment une pointe longue de 2 - 4 cm évoquant un bec (d'où le nom vulgaire de la plante).

**Remarque :** Il existe de nombreuses variétés de bec de grue :
- des variétés vivaces à souches épaisses,
- des variétés annuelles à souches grêles.

C'est une plante d'aspect très variable.

### Biologie et écologie :

*On rencontre cette fleur rose en abondance le long des chemins, des talus, près des terrains cultivés, dans les vieux murs et les décombres. C'est une plante originaire du bassin méditerranéen et qui, grâce à l'homme et aux animaux, a peu à peu envahi toute l'Europe. Il faut dire que cette plante possède une manière efficace de disséminer ses graines : à maturité, les fruits se détachent en emportant leur longue arête spiralée grâce à laquelle ils peuvent s'accrocher à la toison des animaux, ce qui permet leur transport sur de longues distances. De plus, l'arête peut se ficher dans le sol et favoriser ainsi la pénétration du fruit dans le sol.*

---

# DATURA STRAMONIUM L.
## (HERBE A LA TAUPE, POMME ÉPINEUSE)

*(photo p. 42)*

| | | |
|---|---|---|
| **F :** Solanacées | **Alt.:** 0 à 2 000 m | **T :** 0,40 à 1 m |
| **Fl.:** juin - octobre | **A** | **C** |
| **Détermination :** | | |

— Plante annuelle très robuste à racine fuselée, à tige ramifiée dégageant une odeur désagréable.

— Les feuilles sont munies d'un long pétiole : elles sont ovales, allongées, à bord largement denté.

— Les fleurs sont longues (8 cm de long), en forme d'entonnoir. La corolle blanche verdâtre est plissée et ne s'ouvre totalement que le soir.

— Les fruits, très décoratifs, sont d'énormes capsules ovales, hérissées de longues pointes et s'ouvrant par cinq fentes profondes : ils contiennent de très nombreuses graines en forme de reins, de teinte sombre.

### Biologie et écologie :

*Cette grande plante est l'hôte fréquent des décharges, des décombres, des prairies très grasses, aux alentours des fermes.*

*Ses fleurs si profondes ne peuvent être fécondées que par les sphinx, papillons à longue trompe.*

**Chenopodium Bonus-Henricus** (voir p. 49).

---

*L'origine de cette plante est mystérieuse. Vraisemblablement américaine, elle aurait été introduite à la Renaissance par les Espagnols pour être cultivée dans les jardins comme plante décorative et médicinale.*

*C'est une plante violemment toxique (comme beaucoup de plantes de cette famille). Elle provoque des crises de vomissements, des contractions musculaires violentes, etc.*

*A faible dose, elle est utilisée en pharmacie contre les douleurs rhumatismales, les crises d'épilepsie.*

*Planté dans un jardin, le datura a la réputation d'éloigner les taupes (peut-être liée à l'odeur de la racine).*

---

## LINARIA VULGARIS Miller (LINAIRE)  *(photo p. 18)*

**F : Scrofulariacés          Alt. : 0 à 2 000 m          T : 25 à 60 cm**
**Fi : mai-juin-juillet-sept.**

**Détermination :**
— Plante à souche traçante.
— Les tiges rarement ramifiées sont couvertes de feuilles larges de 3 à 4 mm, à bords parallèles de teinte glauque.
— Les fleurs de grandes tailles (2,5 à 4 cm de long) naissent à l'aisselle de bractées et forment des grappes coniques, allongées et fournies terminant les tiges.
— La corolle jaune soufre est formée d'une seule pièce présentant deux lèvres (la supérieure est tachée d'orange vif)) et se termine à l'arrière par un éperon courbe long de 30 mm environ.

    — Le fruit est une capsule comprenant deux loges contenant de nombreuses petites graines.

**Remarques :** Il existe une autre petite linaire très courante dans les endroits plus secs, sur les murs : C'est la linaire striée (**Linaria striata** DC) dont les fleurs plus petites ont une corolle bleutée délicatement veinée de lilas.

### Biologie et écologie :

*Cette très jolie plante est fréquente dans beaucoup de milieux. les talus secs, les friches, les bords de chemins, les décombres : c'est une plante très résistante.*

*D'autre part l'abondance de ses petites graines et surtout le caractère traçant de sa racine en font une mauvaise herbe gênante et difficile à éliminer.*

*Toute la plante renferme des glucosides comme la linarine qui sont certainement responsables des propriétés diurétiques des tisanes préparées avec ces fleurs séchées. De plus la médecine populaire l'utilise comme dépuratif.*

## LAMIUM ALBUM L. *(photo p. 55)*
### (LAMIER BLANC - ORTIE BLANCHE)

| | | |
|---|---|---|
| **F : Labiées** | **Alt.: 0 à 2 200 m** | **T : 20 à 40 cm** |
| **Fl.: avril - novembre** | **U** | **CC** |

### Détermination :
    — Plante à tige souvent quadrangulaire d'abord couchée, puis redressée.

**Vicia sepium** (voir p. 26).         **Lamium album** (voir p. 55).

— Feuilles opposées deux à deux munies d'un pétiole vers le bas de la tige, mais dépourvues de pétiole vers le sommet. Ces feuilles velues, gaufrées, à grosses dents, rappellent celles de l'ortie.

— Les fleurs sont disposées en couronne au niveau des feuilles. Elles possèdent un calice à cinq dents égales. La corolle blanc verdâtre présente deux lèvres très marquées (comme chez toutes les plantes de la même famille). La lèvre supérieure en forme de casque velu protège les quatre étamines à anthères brunes (contenant le pollen jaune pâle). A l'intérieur de la corolle, au niveau d'un étranglement, on trouve une couronne de poils protégeant les carpelles.

— Le fruit est un tétrakène (quatre akènes accolés) de forme pyramidale.

**Remarque :** Le nom de la plante provient du latin lamia signifiant ogresse ou gosier, par allusion à la forme de la fleur.

**Biologie et écologie :**

*On trouve très couramment le lamier blanc dans les prairies, en bordure des chemins, près des haies vers les villages. C'est une plante très robuste, peu exigeante si ce n'est en nitrates (plante rudérale).*

*Les lamiers blancs forment souvent des groupes étendus et denses: cette plante, grâce à ses tiges rampantes ou stolons, peut ainsi rapidement conquérir un milieu.*

Remarque : *Le lamier blanc est une plante importante dans la médecine populaire. On utilise surtout les corolles qu'on prépare en tisanes ; la plante est riche en tannins, saponines qui ont un effet anti-inflammatoire et diurétique certain.*

*Enfin, l'industrie des cosmétiques en fait grand usage (lotion et pommades pour la peau et les cheveux).*

---

# LAMIUM MACULATUM L.
*(photo p. 59)*
## (LAMIER TACHETÉ - ORTIE ROUGE)

| F : Labiées | Alt.: 0 à 2 000 m | T : 30 à 80 cm |
|---|---|---|
| Fl.: avril - octobre | U | C |

**Détermination :**

— Plante robuste à tiges quadrangulaires plus ou moins velues, dressées et nombreuses.

— Feuilles groupées par deux, ovales, à bord denté. Ces feuilles sont souvent et surtout en hiver marquées de taches blanchâtres (d'où le nom d'espèce de la plante ; mais attention, ce caractère n'est pas constant).

— Les fleurs, nombreuses, sont au sommet des tiges entre les feuilles : la corolle est grande (2 - 3 cm de long), purpurine, courbée en S et munie intérieurement d'une couronne de poils. Les étamines, à l'abri de la corolle, sont pourpres.

— Le fruit est un tétrakène (quatre akènes accolés).

**Attention :** Ce lamier peut se confondre avec deux espèces proches et courantes à fleurs roses :

● le lamier couché (Lamium amplixicaule L.), plante couchée rampante, à tige nue dans sa partie médiane : c'est une plante des champs cultivés ;

• le lamier pourpre (Lamium purpureum L.) à fleurs petites (moins de 12 mm) et à feuilles jamais tachées.

Il existe de nombreux hybrides entre ces deux dernières espèces.

**Biologie et écologie :**

*Cette plante se trouve dans les bois clairs, les prairies, les fossés et les décombres : elle aime particulièrement les sols légers mais riches en éléments nutritifs et en calcaire.*

*On la rencontre souvent en mélange avec le lamier blanc.*

---

# PLANTAGO LANCEOLATA L.     *(photo p. 30)*
## (PLANTAIN LANCÉOLÉ - HERBE A CINQ COTES)

| | | |
|---|---|---|
| **F :** Plantaginacées | **Alt.:** 0 à 2 000 m | **T :** 5 à 70 cm |
| **Fl.:** avril - octobre | **U** | **CC** |

**Détermination :**

— Plante vivace à souche courte et verticale.

— Les feuilles partent toutes de la base. Elles sont lancéolées, entières, cinq à six fois plus longues que larges et munies de trois à sept nervures (le plus souvent cinq, d'où le nom vulgaire de la plante).

— Du centre de la rosette formée par les feuilles partent plusieurs tiges sans feuilles portant à leurs extrémités un épi de fleurs : ces tiges sans feuilles (hampe florale) sont fortement marquées de stries longitudinales et leur longueur dépasse largement celle des feuilles.

— Les épis sont courts (1 à 3 cm), cylindriques. Les fleurs, très petites, sont blanches : leurs étamines (portant le pollen) sont blanches. Elles sont entourées d'écailles brunes.

— Le fruit est une capsule globuleuse qui s'ouvre grâce à un opercule (sorte de couvercle).

**Attention :** Il existe deux espèces de plantains très communes et voisines de celle-ci :

— L'une se rencontre dans les prairies à tendances sèches : c'est le **plantain intermédiaire** (Plantago media L.) à feuilles larges ovales munies d'un pétiole très court.

— L'autre se rencontre dans les endroits piétinés, au milieu des chemins, dans les décombres (c'est une plante rudérale). C'est le **grand plantain** (Plantago major L.) à feuilles ovales munies de pétioles longs et à épis portés par une hampe très courte.

**Biologie et écologie :**

*Le plantain lancéolé est fréquent dans toutes les prairies : c'est une plante peu exigeante et robuste. Originaire d'Europe, elle s'est acclimatée dans le monde entier.*

*La fécondation des fleurs est assurée par le vent : les étamines sont en effet fort grêles et frémissent au moindre souffle de vent.*

*Le nombre de graines des plantains est souvent très grand (plus de 1 000 chez le plantain intermédiaire). Ces graines très fines sont dispersées par le vent qui secoue l'épi. Mais lorsque le temps est humide, les enveloppes extérieures des graines se gonflent et deviennent visqueuses, se collant aux pieds des animaux qui assurent ainsi leur transport.*

**Alliaria officinalis** (voir p. 52).

---

## MATRICARIA CHAMOMILLA L.
*(photo p. 47)*
### (PETITE CAMOMILLE SAUVAGE)

| F : Composées | Alt.: 0 à 1 600 m | T : 10 à 55 cm |
|---|---|---|
| Fl.: mai à octobre | A | C |

**Détermination :**

— Petite plante sans poils à racines grêles.

— Les tiges dressées portent de nombreuses feuilles en lanières deux ou trois fois divisées ; de toute la plante se dégage une forte odeur typique et pénétrante de pomme.

— Comme chez toutes les composées, les fleurs sont petites et groupées ensemble en capitule. Les capitules, de 1 à 2 cm de diamètre, sont isolés à l'extrémité des tiges. Ils sont formés au centre par des fleurs en tubes d'un beau jaune doré. A la périphérie du capitule, les fleurs portent des ligules (languettes) blanches qui sont d'ailleurs souvent rabattues vers la tige. Les capitules sont généralement coniques : ils sont creux.

— Les fruits sont des akènes.

**Attention :** Ne pas confondre avec la fausse camomille (Anthemis arvensis L.), dont le fond du capitule plein est garni entre les fleurs de nombreuses écailles (absentes chez la vraie camomille).

Le long des chemins croît Matricaria discoidaea L., dont les capitules très bombés sont formés exclusivement de petites fleurs en tubes jaunes verdâtres (pas de ligules blanches).

**Biologie et écologie :**

La camomille est une des plantes médicinales les plus célèbres. D'origine méditerranéenne, cette plante a peu à peu envahi toute la France.

Elle croît en abondance dans les champs de blé ou les friches, mais aussi dans les décombres, le long des chemins sur les sols enrichis en azote mais assez pauvres en calcaire. C'est une espèce en régression qui devient rare dans certaines régions, car elle est très sensible aux pesticides. De plus, sa cueillette intensive à des fins médicinales la fait disparaître. On utilise, en effet, les capitules de cette fleur pour faire des tisanes, des décoctions aux propriétés anti-inflammatoires : ces propriétés sont dues à une essence bleutée contenue dans les capitules et riche en chamzulène.

Notons enfin que les infusions de camomille stimulent aussi la pousse des cheveux et sont utilisées depuis fort longtemps pour donner aux cheveux un reflet blond.

---

## ACHILLEA MILLEFOLIUM L. (dessin page 2 couverture)
## (MILLEFEUILLE SAIGNE-NEZ)

| | | |
|---|---|---|
| **F :  Composées** | **Alt.: 0 à 2 500 m** | **T : 20 à 70 cm** |
| **Fl.: mai à novembre** | **U** | **CCC** |

**Détermination :**

— Plante à souche ramifiée brièvement rampante d'où partent de nombreuses tiges rigides et velues abondamment feuillées.

— Les feuilles à contour linéaire sont trois à quinze fois plus

---

**Lamium maculatum** (voir p. 56).

longues que larges. Elles sont divisées en 35 à 50 lanières étroites (d'où le nom de millefeuille donné à la plante). Lorsqu'on froisse ces feuilles il s'en dégage une odeur d'abord aromatique mais vite désagréable.

— Les fleurs sont très petites. Elles sont groupées en capitules (caractéristique des composées) de 5 mm de diamètre qui, en groupes nombreux, terminent les tiges dressées ; les fleurs du centre des capitules sont blanches grisâtres, en tube ; celles du pourtour des capitules possèdent des ligules blanches ou rosées (il y a quatre à cinq ligules par capitule).

— Les fruits sont des akènes.

**Remarque :** Cette plante est très variable d'aspect ; il existe de nombreuses variétés.

### Biologie et écologie :

*L'achillée millefeuille est une plante très commune. On remarque tout de suite ses petits capitules blancs qui émaillent le bord des chemins, les terrains vagues, les décombres.*

*Plante d'origine européenne, elle s'est étendue dans le monde entier.*

*Cette plante est connue depuis la plus haute antiquité pour ses propriétés médicinales. Elle a une influence considérable sur la tension artérielle, sur les inflammations : elle provoque la coagulation du sang et la cicatrisation des plaies ; c'est pourquoi on lui donne le nom de saigne-nez ou encore d'« herbe des charpentiers » (profession où les égratignures sont fréquentes). Elle est utilisée en tisanes, gargarismes, cataplasmes. Les principes actifs qu'elle contient sont nombreux ; on peut citer l'azulène, des tannins, l'acide acétique, etc.*

# IV - CONCLUSION

La prairie, constituant une immense part de notre paysage végétal et nous paraissant familier et bien connu, est, en fait, un monde d'une grande complexité, quelque peu mystérieux.

Elle sert en effet d'abri et de nourriture à une importante faune d'animaux invertébrés (tels que des insectes, des escargots, limaces, etc.) et de vertébrés (tels que des rats, des campagnols, des taupes, etc.) qui servent eux-mêmes de nourriture à des rapaces, des carnivores, insectivores, etc. Ainsi, dans la prairie existent de très nombreuses relations complexes entre les êtres vivants : le tout forme un équilibre souvent précaire ; la moindre intervention humaine intempestive peut rompre cet équilibre et provoquer la disparition de la prairie.

Enfin, il faut encore souligner l'importance des prairies qui constituent pour l'homme une réserve végétale servant à produire l'essentiel de sa nourriture carnée. Ainsi, des études réalisées en Angleterre ont montré que sur une prairie ni trop sèche ni trop humide, à sol riche et profond, en un an (correspondant en fait à 200 jours de pâturage), il y a production d'environ 5,5 tonnes d'herbes sèches servant à nourrir 1, 2 bœufs (valeur moyenne) de 350 kg produisant 210 kg de viande en poids vif, soit 105 kg de viande fraîche.

On voit donc l'immense gaspillage par le bœuf de la matière végétale produite. Seulement 29 % sont consommés. De ceux-ci, 4 % servent à produire de la viande fraîche, le reste étant perdu sous forme d'excréments, d'urine, etc.

Les travaux des agronomes portent actuellement sur l'amélioration du rendement. Ils cherchent à créer de nouvelles races de bétail plus productives, mais aussi à améliorer le rendement des plantes fourragères.

# LEXIQUE

## A

**Accrescent :** se dit d'un organe floral qui continue à croître après la floraison.
**Akène** (m) : fruit sec qui ne s'ouvre pas.
**Anémogamie :** transport du pollen par le vent.
**Anémochorie :** transport des fruits et des graines par le vent.
**Anthère** (f) : sac terminant les étamines et contenant le pollen.
**Association :** groupement de plantes à composition floristique bien déterminée en équilibre avec les conditions du milieu (sol, température, etc.).
**Autofécondation :** union de deux éléments de sexes différents provenant de la même plante.

## B

**Bale :** fruit charnu.
**Bractée** (f) : petite feuille modifiée à l'aisselle de laquelle naît une fleur.

## C

**Caduque** (adj) : qui tombe.
**Calice** (m) : ensemble de pièces vertes (sépales) doublant la corolle (formée de pétales).
**Capitule** (m) : ensemble de fleurs serrées les unes contre les autres (cf. composées).
**Capsule :** fruit sec à loges s'ouvrant par des pores, des fentes, etc.
**Carpelle** (m) : organe femelle contenant les ovules ; généralement muni d'un prolongement (le style) terminé par un renflement (le stigmate).

**Caryopse :** fruit sec typique des graminées (grain de blé, etc.).
**Corymbe** (m) : groupe de fleurs toutes au même niveau car portées par des pédoncules inégaux.

## E

**Ecologie :** science traitant des rapports entre les êtres vivants et leur milieu.
**Eperon :** prolongement étroit du calice ou de la corolle (cf. orchis).
**Epi :** groupement de fleurs sur un axe unique (caractéristique des graminées).
**Epillet :** ensemble de fleurs portées par un petit axe ; chez les graminées, les épis sont souvent formés de nombreux épillets.
**Etamines** (f): organe mâle des fleurs produisant le pollen.
**Etendard:** pétale supérieur des fleurs de papilionacée.

## F

**Foliole** (f) : division d'une feuille composée.

## G

**Glume:** bractée située à la base des épillets chez les graminées.
**Glumelle :** autres bractées portées par l'axe de l'épillet chez les graminées.
**Grappe :** groupe de fleurs étagées le long d'un axe principal (les fleurs les plus jeunes sont en haut).

**Sanguisorba officinalis** (voir p. 21).

---

**H**

**Hampe** (f) : axe sans feuille portant les fleurs.
**Herbacée :** se dit des plantes à aspect d'herbes (différentes des arbres et arbustes).

**I**

**Involucre** (m) : ensemble de bractées formant collerette.
**Inflorescence** (f): ensemble de fleurs.

**L**

**Ligule** (f) : petite lame saillante souvent blanchâtre portée par la feuille des graminées au contact de la tige. - Ensemble de pétales soudés en forme de languette chez les composées.
**Limbe** (m) : partie élargie des feuilles des pétales ou des sépales.

**M**

**Mésophile :** se dit d'une prairie ni trop sèche ni trop humide.
**Mucron** (m) : petite pointe terminant une feuille ou une bractée, etc.

**N**

**Nœud** (m) : point d'insertion des feuilles sur la tige.

**P**

**Panicule** (f) : ensemble de fleurs en grappes ou en épis lâches.
**Pédoncule** (m): petit axe sans feuille portant les fleurs.

**Pétale** (m) : élément de la corolle.
**Pétiole** (m) : tige de la base de la feuille.
**Pollen** (m) : grain contenant les cellules sexuelles mâles.
**Pollinisation :** transport du pollen des étamines aux carpelles.
**Pistil :** ensemble du style, des stigmates et des carpelles.
**Prairiales** (adj.) : se dit des plantes de la prairie.

**R**

**Rosette :** ensemble de feuilles disposées en collerette à la base des tiges, le plus souvent au ras du sol.
**Rudérale :** plante vivant sur les décombres, dans les endroits riches en azote.

**S**

**Sessile** (adj.) : se dit d'une feuille sans pétiole.
**Sempervirent** (adj.) : se dit d'une plante à feuillage toujours vert.
**Sépale** (m) : pièce du calice.

**V**

**Verticelle :** organes disposés au même niveau autour d'un axe.
**Vrille :** filament terminant feuilles ou tiges, s'agrippant en s'enroulant autour des supports.

**Dactylis glomerata** (voir p. 12).

**Poa pratensis** (voir p. 11).

# INDEX ALPHABÉTIQUE DES NOMS EN LATIN ET FRANÇAIS CITÉS DANS CE GUIDE

Achevé d'imprimer sur les presses de l'Imprimerie Lescaret, à Paris, le 22 mars 1978.

Dépôt légal : 1er trimestre 1978      Numéro d'éditeur : 589

ISBN 2-263-00228-6